2017年度

村庄规划志愿服务活动
研究报告

赵雲泰　田志强　主编

中国农业出版社
北　京

前言

2017 年度村庄规划志愿服务活动研究报告

为深入贯彻习近平总书记关于实施乡村振兴战略的重要指示精神，落实中共中央、国务院关于"加快编制村级土地利用规划"要求，适应新形势下乡村志愿者活动和管理的需要，国家鼓励有条件的地区编制村庄规划，同时调动社会力量共同推进村庄规划编制工作。2017年5月9日，国土资源部联合共青团中央在天津市蓟州区召开全国村土地利用规划现场会，总结交流村土地利用规划工作经验，积极发动志愿者服务村土地利用规划编制活动。2017年7—8月，团中央、国土资源部在全国范围内组织开展了村土地利用规划志愿服务全国大学生暑期社会实践专项活动（以下简称志愿服务活动）。

高校师生通过宣传国家有关政策，宣讲村土地利用规划编制相关知识，开展村土地利用规划基础调查与规划编制等形式的志愿服务活动，既为广大青年学子提供学习、实践和提高专业技能的机会，又将所学、所思服务于基层，为新农村建设与发展、乡村振兴助力。志愿服务活动激发了广大青年关心农村、服务农村的热情，培养了新时代青年参与社会建设的责任感和使命感。

编者

2018.3

目　录

2017 年度村庄规划志愿服务活动研究报告

前言

第一部分 活动组织

志愿服务活动分为团队申报、团队遴选、执行、评选4个程序。主办方对报名团队进行遴选，确定参与志愿服务活动的团队名单。入围团队按照活动要求赴实践地点执行，按照规定时间提交成果。经专业评审后，主办方公布评选结果见图1.1。

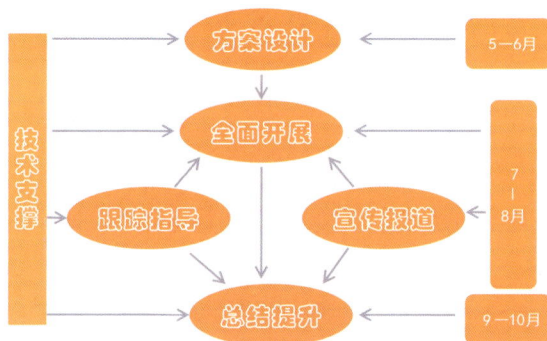

图1.1　志愿服务活动主要环节

2017年，主办方共收到来自全国227个高校团队的报名申报，涉及的实践地点共计526处，主要分布在东部地区。

根据图1.2统计，2017年入围高校共计108所，其中山东省、湖北省、广东省等地高校参与数量比较多，积极性较大。

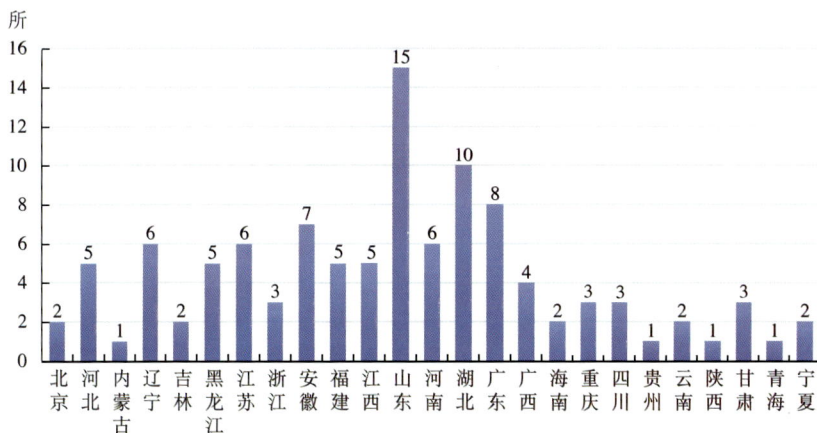

图1.2　志愿服务活动入围各高校参与数量

1

入围团队涉及的实践地点共计224个，主要分布在山东省、湖北省、黑龙江省、广东省、河南省等农业种植比较发达的地区见图1.3。

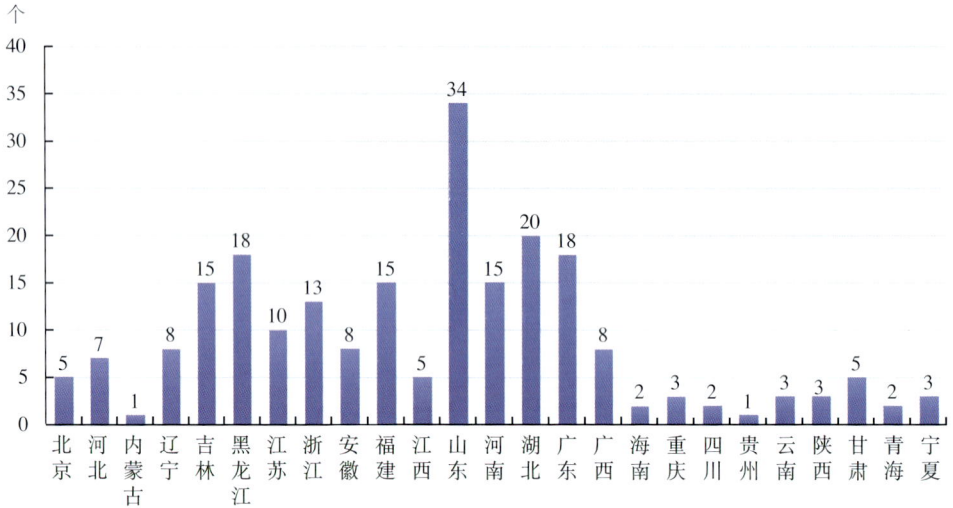

图1.3　志愿服务活动入围实践地点数量

入围团队的专业涉及土地相关专业，如土地管理、城乡规划、建筑学、测绘、计算机、地图学与地理信息系统、农学、统计、设施农业、人文地理等；涉及非土地相关专业，如保险、经济、会计、金融等。图1.4反映土地相关专业人数较多，占比高达55%；非土地相关专业入围人数较少，占比约45%。多学科交叉互补的混合团队为村土地利用规划提供了多元化方案。

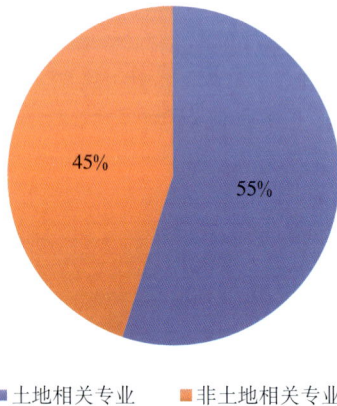

图1.4　志愿服务活动入围团队中土地相关专业和非土地相关专业参与人数占比

第二部分　活动开展

志愿服务活动主要从政策宣传、宣讲，基础内外调查，成果整理3个方面进行。

讲解国家相关政策和宣传村镇规划专业知识，让村民充分了解编制村土地利用规划的重要性和相关过程，调动了村民参与规划的积极性。

图2.1～图2.4　福建集美大学"土地规划"实践队采用"摆摊设点"宣传、广播宣传、拉横幅宣传、海报宣传、宣讲会等方式向村民宣传村土地利用规划专业知识。

图2.1　"摆摊设点"宣传

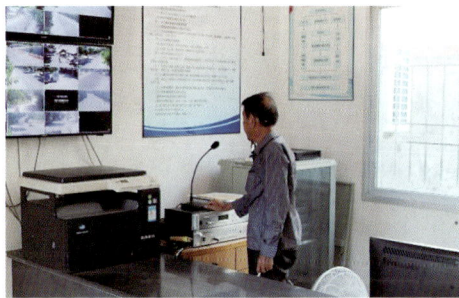

图2.2　广播宣传

图2.3　拉横幅宣传

图2.4　海报宣传

根据编制村土地利用规划的需要，开展村域面上调查和村民入户调查。详细了解村庄区位和自然条件、土地利用状况、区域环境、基础设施和生活服务设施建设现状、产业发展状况，以及村民对配套设施建设、产业发展、土地利用的意愿和诉求，为编制村庄规划提供基础支撑。

图2.5～图2.10　洛阳师范学院开元盛世土地规划志愿服务团队查阅当地书籍报纸，对当地的市场和广场等公共基础设施进行走访，进行街头问卷调查。

图2.5　当地资料收集（相关书籍）

图2.6　当地资料收集（相关报纸）

图2.7　走访（集贸市场）

图2.8　走访（活动广场）

图2.9　问卷调查1

图2.10　问卷调查2

图2.11～图2.12　湖北文理学院规划土地—筑梦咸丰团队采用入户调研的方式对当地基本情况进行深入调查。

图 2.11 入户调研 1（问卷）

图 2.12 入户调研 2（问卷）

图 2.13～图 2.16 安徽财经大学土地资源管理志愿服务团队与村民开展座谈会，对土地规划、环境建设等相关问题进行讨论；对村内重点区域进行拍照记录。

图 2.13 座谈会 1

图 2.14 座谈会 2

图 2.15 拍照打点（环境问题）

图 2.16 拍照打点（村里危房）

图2.17～图2.18 广西师范学院"品桂土特色，展规划蓝图"村级土地利用规划探索先锋队利用测量仪器和电脑进行测量。

图2.17 利用测量仪器进行场地测量

图2.18 将测量数据导入电脑

图2.19～图2.20 青岛酒店管理职业技术学院村土地规划实践团队利用DV（Digital Video的缩写）机、电脑进行调查记录。

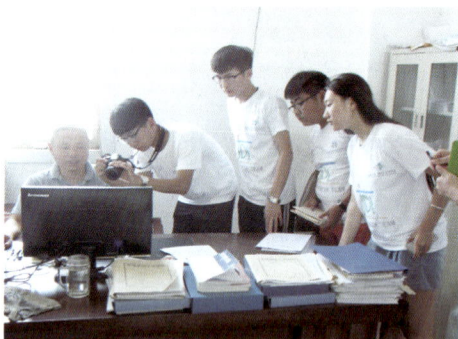

图2.19 利用DV摄影机调查记录

图2.20 利用电脑调查记录

图2.21～图2.24 江西财经大学村土地利用规划志愿服务团队对村镇用地分析图进行研究，对村镇基本区域进行实地研究。

图2.21 文献研究（用地分布图1）

图2.22 文献研究（用地分布图2）

图2.23　实地研究（道路）

图2.24　实地研究（旧住宅）

图2.25～图2.26　武汉工程大学管理学院暑假土地利用规划志愿服务小组对村内需重点规划整治的区域进行调查。

图2.25　重点调查（旧房、危房）

图2.26　重点调查（设在小学内的幼儿园）

图2.27～图2.28　福建工程学院剧头村村庄规划及土地利用实践团通过报纸、网站、展板、海报等宣传方式，介绍志愿服务活动的开展情况。

图2.27　资料整理和分析

图2.28　成果汇报

图2.29　合肥师范学院"亦心"团队对村土地利用规划进行微博宣传。

图2.30　河南大学"打造美丽乡村　共筑幸福家园"活动在《河南青年报》刊登。

图2.30　报刊宣传

图2.29　微博宣传

图2.31　中国网对河南科技大学"厚土载物，以制修德"调查实践团开展村土地规划活动进行报道。

图2.32　武汉轻工大学官方微信公众号对武汉轻工大学"开拓青春"村土地规划志愿团队的活动进行推送。

图2.31　中国网报道

图2.32　微信公众号推送

第三部分　活动成果分析

为做好成果数据分析、转化，志愿服务活动从土地利用、产业发展、居民点布局、人居环境整治、生态保护、历史文化传承等6个方面对活动成果数据进行系统分析。

一、乡村土地利用调查概况

根据志愿服务活动的基础调研数据，土地利用成果分析主要从村庄建设用地、村庄农林草用地、村民对土地政策的认知、村民对宅基地政策的响应4个方面进行阐述，最后给出村庄土地利用建议。其中，村庄建设用地主要从道路、公共设施用地等方面进行分析总结，农林草用地主要从耕地、林地和草地等类型进行分析总结，村民对土地政策的认知主要对"一户一宅""基本农田保护""新农村建设"等相关政策进行分析总结。

（一）村庄建设用地发展不均衡

1. 村庄道路通达性发展不均衡

（1）西部地区村庄道路数量少，西北部地区村庄道路硬化水平低
①基本现状

表3.1.1和图3.1.1反映了各地区村庄主要道路的数量及其构成比例，各地区村庄主要道路平均数量为3.3条，超过平均水平的地区占全国比例的47.6%。村庄主要道路的平均数量超过5条的地区为河北省、贵州省，江苏省、黑龙江省、山东省、内蒙古自治区、辽宁省为4～5条，广东省、河南省、甘肃省、福建省、四川省为3～4条，青海省、江西省、湖北省、安徽省为2～3条，村庄主要道路以1～2条为主的地区广西壮族自治区、海南省、重庆市和陕西省。

图3.1.2反映了受访者对村庄道路硬化情况的认知，即村中道路硬化所占比例。对于村庄道路的硬化情况，各地区村庄道路硬化平均比例为87.9%，超过平均水平的地区占全国比例的66.7%。西北地区村庄道路硬化比例较低，华东、华南地区村庄道路硬化比例较高。各地区认可道路是水泥或柏油硬化路面的调研对象比例不同：福建省、青海省最高，达100%；河北省、安徽省、江苏省、

广东省、四川省为95%~100%；湖北省、甘肃省、贵州省、山东省、重庆市为90%~95%；河南省、广西壮族自治区、江西省、内蒙古自治区为80%~90%；海南省、黑龙江省分别为78.95%、76.22%；辽宁省最低，为59.26%。

总体来看，各地村庄道路发展不均衡，不利于促进各地村庄现代化发展。大部分地区村庄主要道路数量过少，广西壮族自治区村庄主要道路的规划建设需求最为迫切；一部分地区道路硬化程度不够，陕西省道路硬化管理的需求最为迫切。

②存在问题

西部地区村庄道路发展水平低，通达深度不够，路网密度不高；村庄道路硬化水平东西部差距大；西北部地区村庄道路硬化水平低，部分低于50%。这些问题造成村庄通行困难，不利于农村现代化发展。

表3.1.1 各地区村庄主要道路数量及其构成比例

省级行政区	村庄主要道路平均数（条）	0条（%）	1~2条（%）	3~4条（%）	5~10条（%）	11~20条（%）	20条以上（%）
河北	5.19	0.54	10.79	43.15	44.88	0.32	0.32
内蒙古	4.73	0.44	6.55	29.26	63.76	0.00	0.00
辽宁	4.91	0.00	20.37	16.67	61.11	0.00	1.85
吉林	2.00	0.00	100.00	0.00	0.00	0.00	0.00
黑龙江	4.18	0.16	31.75	39.97	27.49	0.00	0.63
江苏	4.03	0.00	43.75	35.63	15.63	3.13	1.88
安徽	2.96	2.20	60.28	21.16	16.17	0.00	0.20
福建	3.60	0.00	34.04	8.51	57.45	0.00	0.00
江西	2.55	0.83	55.83	25.83	17.50	0.00	0.00
山东	4.49	0.84	19.34	27.00	51.14	0.76	0.93
河南	3.23	2.66	38.50	32.39	26.29	0.00	0.16
湖北	2.81	0.00	52.72	30.73	16.55	0.00	0.00
广东	3.16	1.02	87.76	4.59	1.02	0.26	5.36
广西	1.29	1.19	93.65	1.19	3.97	0.00	0.00
海南	1.71	2.63	75.44	21.05	0.00	0.88	0.00
重庆	1.65	2.08	81.25	16.67	0.00	0.00	0.00
四川	3.84	1.46	4.39	92.20	1.95	0.00	0.00
贵州	6.44	0.00	66.90	0.70	0.70	31.69	0.00
陕西	1.50	0.00	100.00	0.00	0.00	0.00	0.00
甘肃	3.39	1.79	44.64	23.21	30.36	0.00	0.00
青海	2.00	0.00	100.00	0.00	0.00	0.00	0.00

图例：

- 0条
- 1～2条
- 3～4条
- 5～10条
- 11～20条
- 20条以上
- ----- 村里主要道路平均数

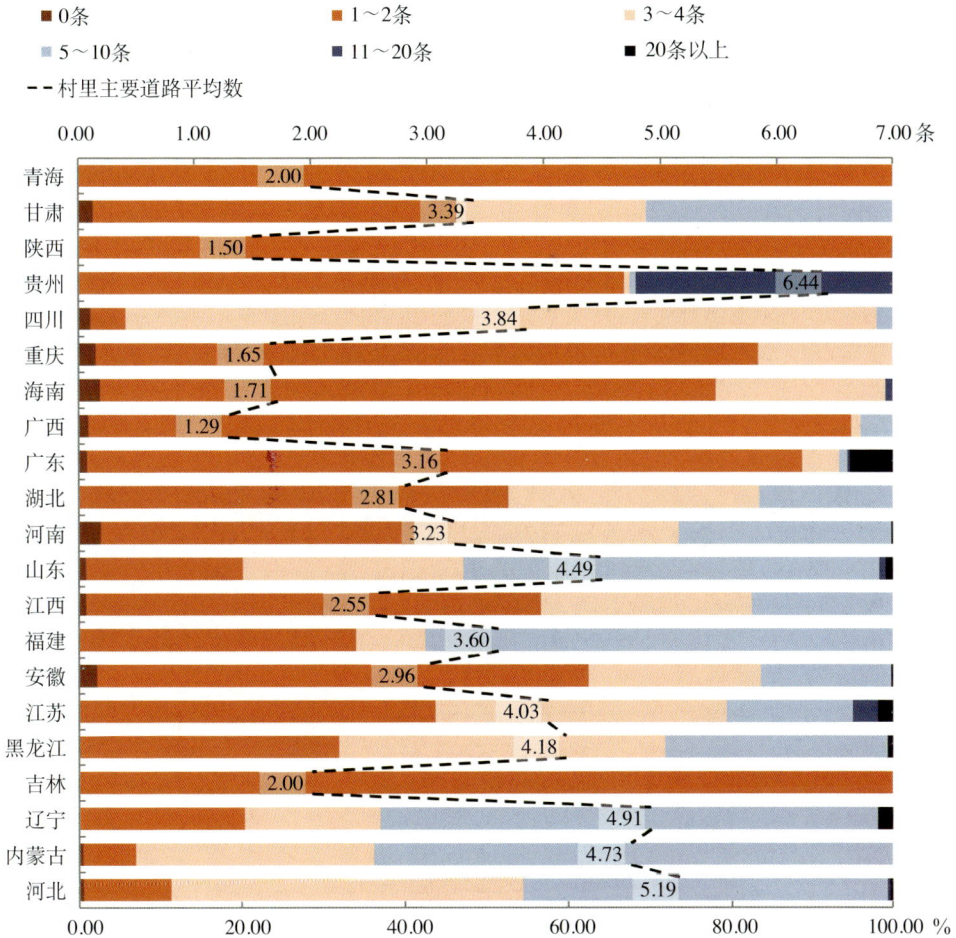

图3.1.1　各地区村庄主要道路平均数量及其构成比例

----- 道路是水泥或柏油硬化路面的认可比例

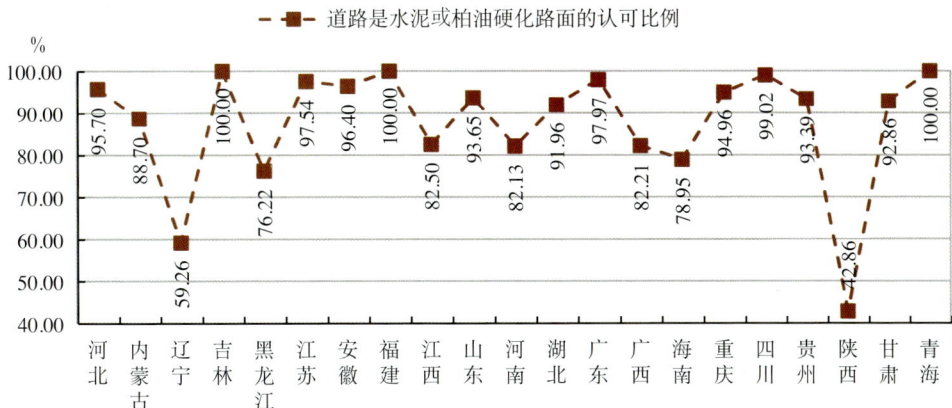

图3.1.2　各地区村民对道路硬化的认可比例

（2）**中西部村庄公共交通班次少，增加公共交通规划建设的需求十分迫切**

①基本现状

表3.1.2和图3.1.3反映了各地区村庄公共交通班次及其构成比例。各地区每天经过村庄的公共交通平均班次为10.92趟，超过平均水平的地区占全国比例的23.8%。超过10趟的地区为广东省、四川省、贵州省、甘肃省和青海省，其中四川省调研对象的感知数量最高，达到每天85.00班次；贵州省、青海省分别为25.83班次、24.00班次；广东省为20.73班次；甘肃省为11.75班次。低于3趟的地区有辽宁省、江西省、广西壮族自治区、陕西省、海南省、重庆市、河北省、安徽省和吉林省。整体来看，各地区村庄公共交通平均班次以5～9班次为主，这些地区占全国比例的33.3%。

表3.1.2 各地区村庄公交班次及其构成比例

省级行政区	每天经过村子的公交平均班次（趟）	0班次（%）	1～5班次（%）	6～10班次（%）	11～20班次（%）	20班次以上（%）
河北	2.27	60.09	34.74	3.02	2.05	0.11
内蒙古	6.11	59.57	0.87	4.78	34.78	0.00
辽宁	0.61	38.89	61.11	0.00	0.00	0.00
吉林	3.00	0.00	100.00	0.00	0.00	0.00
黑龙江	5.88	17.51	56.31	16.72	0.95	8.52
江苏	7.97	40.52	5.23	19.61	34.64	0.00
安徽	2.64	86.78	1.65	6.20	2.89	2.48
福建	7.18	6.12	22.45	71.43	0.00	0.00
江西	0.67	68.60	31.40	0.00	0.00	0.00
山东	8.88	50.44	11.93	7.93	13.76	15.94
河南	6.01	32.60	43.73	0.31	15.05	8.31
湖北	6.74	57.93	7.05	0.25	24.69	10.08
广东	20.73	46.39	46.91	1.03	0.26	5.41
广西	0.38	87.75	11.86	0.40	0.00	0.00
海南	1.78	43.86	53.51	0.00	0.88	1.75
重庆	1.82	83.76	11.11	0.00	4.27	0.85
四川	85.00	6.83	4.39	0.49	0.00	88.29
贵州	25.83	0.00	0.00	0.83	0.00	99.17
陕西	0.00	100.00	0.00	0.00	0.00	0.00
甘肃	11.75	19.64	28.57	0.00	16.07	35.71
青海	24.00	0.00	0.00	0.00	0.00	100.00

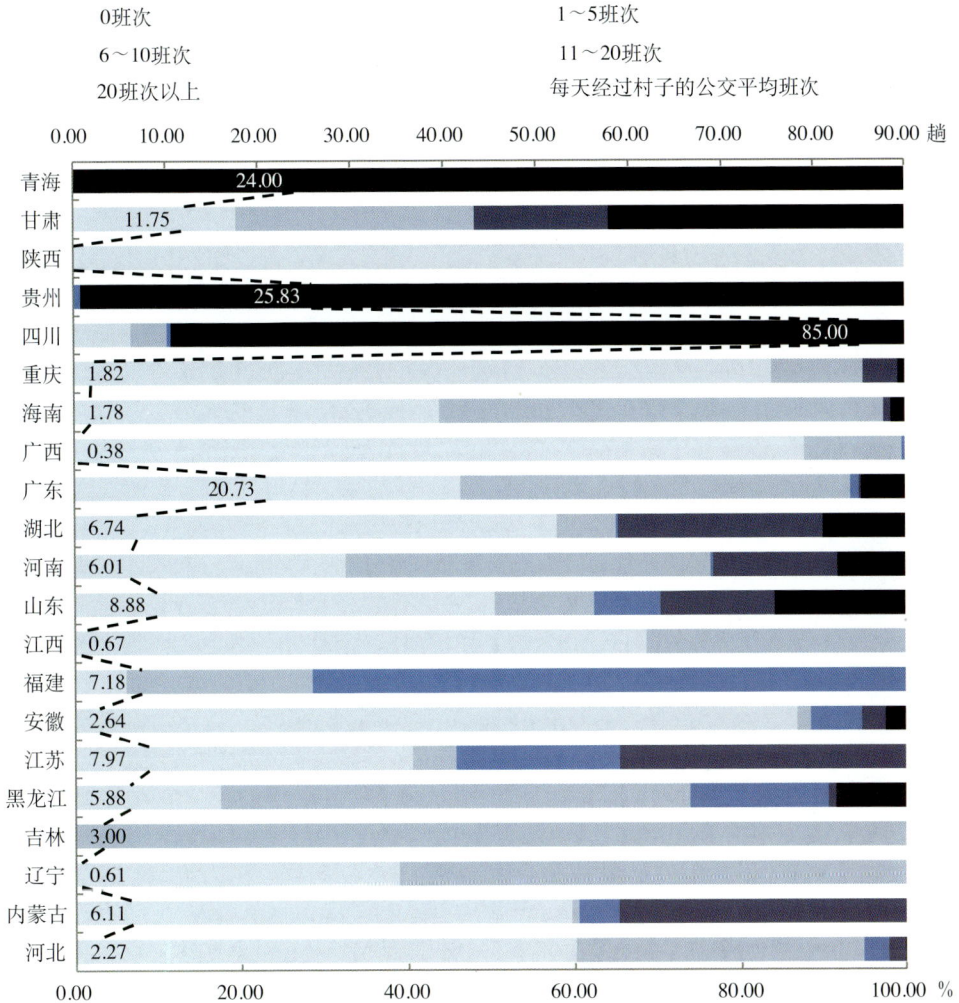

0班次　　　　　　　　1～5班次
6～10班次　　　　　　11～20班次
20班次以上　　　　　　每天经过村子的公交平均班次

图3.1.3 各地区公交平均班次及其构成比例

　　总体来看，大部分地区村庄公共交通经过的平均次数过少，村民们对于村庄公共交通现状的感知较差。陕西省村民增加村庄公共交通的需求最为迫切。

　　②存在问题

　　村庄公共交通通达性东西部的差异显著，中部、西部地区村庄公共交通班次较少，交通不便，不利于村民进出，阻碍了城乡的互动与交流。

　　(3) 西北部地区村民从家庭住处到田地的距离较远

　　①基本现状

　　表3.1.3和图3.1.4反映了各地区受访村民从住处到田地的距离及构成比例。各地区村民从家庭住处到田地的平均距离为862.52米，超过平均水平的地区占全国比例的42.9%，村民从家庭住处到田地的距离以500～1000米为

主，占全国比例的52.4%。各地区村民从家庭住处到田地的距离不同：甘肃省超过1 500米，河北省、广西壮族自治区、内蒙古自治区、黑龙江省、青海省为1 000～1 500米，贵州省、山东省、海南省、福建省、安徽省为800～1 000米，重庆市、辽宁省、河南省、湖北省、江苏省为600～800米；吉林省、广东省、四川省、江西省小于500米。

表3.1.3　各地区村民从家庭住处到田地的距离及其构成比例

省级行政区	住处到田地平均距离（米）	0米（%）	1～500米（%）	501～1 000米（%）	1 001～2 000米（%）	2 000米以上（%）
河北	1 161	2.29	28.84	32.86	26.66	9.36
内蒙古	1 258	14.42	18.75	34.62	17.79	14.42
辽宁	654	0.00	64.81	16.67	16.67	1.85
吉林	75	0.00	100.00	0.00	0.00	0.00
黑龙江	1 369	1.20	32.36	18.07	27.88	20.48
江苏	763	7.64	39.49	33.12	16.56	3.18
安徽	977	1.23	39.96	30.33	21.52	6.97
福建	975	18.37	30.61	22.45	16.33	12.24
江西	437	0.00	82.64	10.74	6.61	0.00
山东	861	6.59	44.59	26.59	16.12	6.12
河南	690	1.14	56.70	27.12	13.07	1.96
湖北	716	0.72	61.06	19.71	14.18	4.33
广东	191	2.18	91.28	5.18	1.09	0.27
广西	1 238	2.07	22.41	48.96	19.92	6.64
海南	905	2.63	41.23	18.42	32.46	5.26
重庆	636	2.10	63.03	17.65	14.71	2.52
四川	374	17.07	62.44	20.00	0.00	0.49
贵州	802	0.00	51.30	39.13	7.83	1.74
陕西	800	60.00	20.00	0.00	0.00	20.00
甘肃	1 810	1.79	10.71	42.86	14.29	30.36
青海	1 421	0.00	33.33	40.00	13.33	13.33

整体来看，一部分地区的村民从家庭住处到田地的平均距离过远，大部分地区的村民家庭住处离田地的距离不远，甘肃省村民对缩短从家庭住处到田地距离的需求最大。

②存在问题

甘肃省等西北地区的村民从家庭住处到田地的平均距离较远，增加了农业生产成本，降低了农民从事农业生产的积极性，土地资源配置优化空间大。

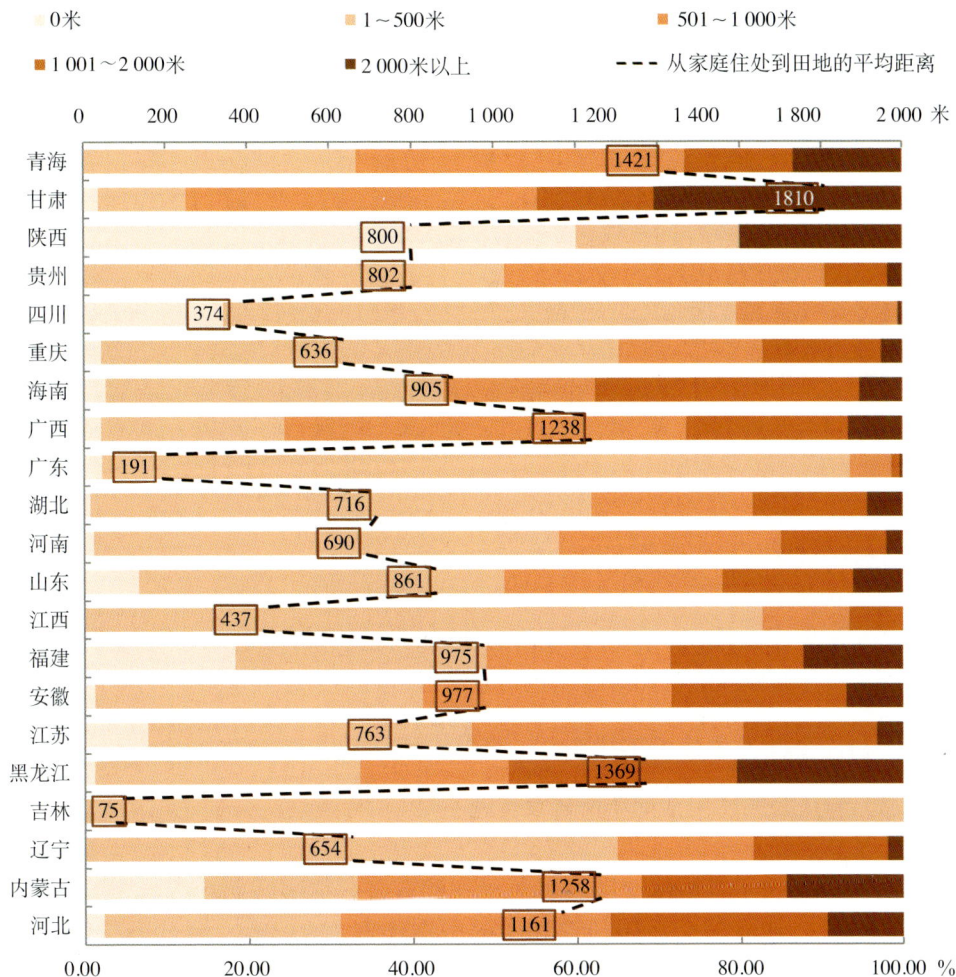

图3.1.4 各地区村民从家庭住处到田地的平均距离及其构成比例

（4）大部分地区村庄道路方便的认可率低

①基本现状

图3.1.5反映了各地区受访村民对村庄道路方便认可的比例。村民对村庄道路方便的平均认可率为79.14%，超过平均水平的地区占全国比例的47.6%，对村庄道路方便的平均认可率以60%～90%为主，占全国比例的57.1%。认可率占全国比例超过95%的地区有广东省、吉林省和四川省，其中吉林省和四川省都为100%；贵州省、江苏省、福建省、内蒙古自治区、广东省为90%～95%；江西省、重庆市、河北省为80%～90%；青海省、海南省、河南省、湖北省、安徽省、山东省为70%～80%；广西壮族自治区、甘肃省分别为68.40%、67.86%；黑龙江省、辽宁省偏低，分别为56.65%、54.72%。

整体来看，大部分地区的村民认为村庄道路方便程度一般，处于适中水平；

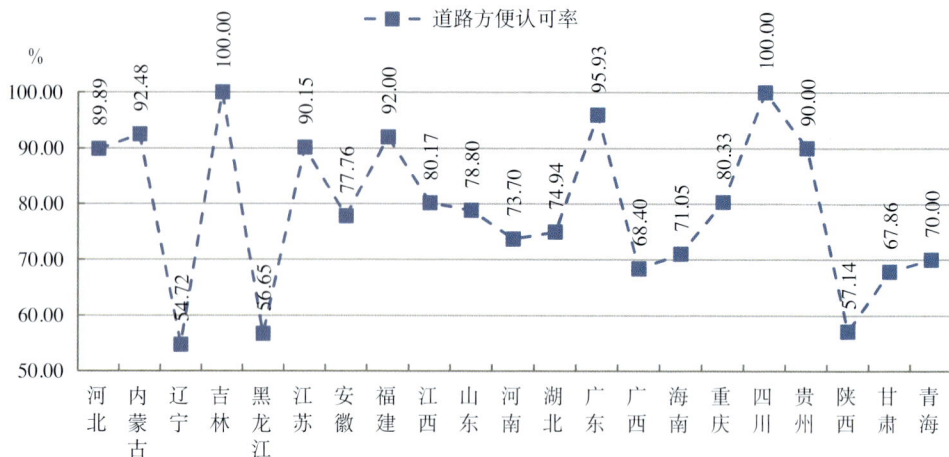

图3.1.5　各地区村民对村庄道路方便的认可率

辽宁省村民对提高村庄道路方便认可率的需求最高。

②存在问题

辽宁省等东北地区和陕西省等西北地区的村民对村庄道路方便程度的认可率较低，大部分地区的村民对村庄道路方便的认可率为中等水平。

2.村庄公共设施建设不均衡

（1）村庄公共休闲活动场所建设普遍不足

①基本现状

图3.1.6反映了各地区受访村民对村庄拥有公共休闲活动场所认知的比例。村民认为村庄拥有公共休闲活动场所的平均比例为60.2%，超过平均水平的

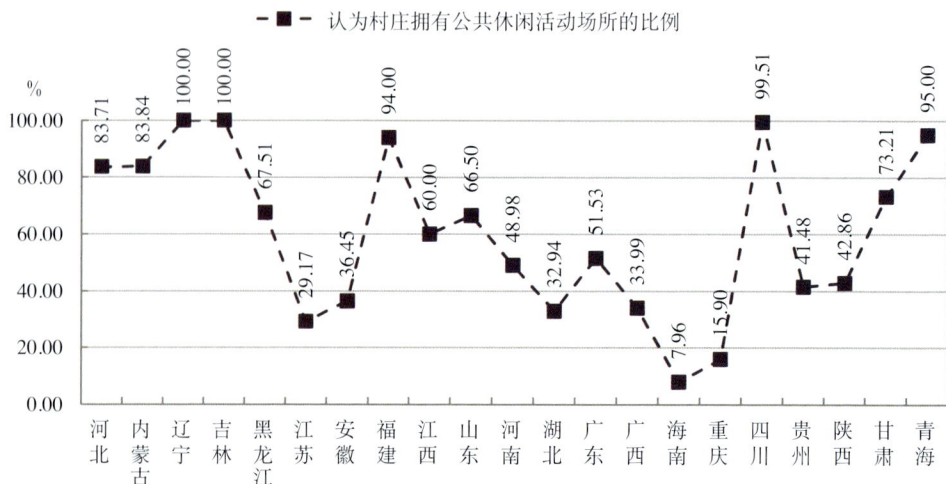

图3.1.6　各地区村庄公共休闲活动场所拥有情况

地区占全国比例的47.6%。其中辽宁省、吉林省、四川省和青海省等地区的村民普遍认为村中有公共休闲活动场所。各地区认为村庄拥有公共休闲运动场所的比例，辽宁省达100%；四川省为99.51%；青海省、福建省分别为94.00%、95.00%；甘肃省、河北省、内蒙古自治区为70%～85%；江西省、山东省、黑龙江省为60%～70%；贵州省、河南省、广东省为40%～52%；江苏省、湖北省、广西壮族自治区、安徽省为29%～37%；重庆市为15.90%；海南省最低，为7.96%。

整体来看，大部分地区村庄公共休闲活动场所建设不足，大部分地区的村民认为本村应配置公共休闲活动场所，其中海南省等地区的村民需求愿望最大。

②存在问题

各地区村庄公共休闲活动场所建设差异显著，大部分地区村庄公共休闲活动场所建设不够，不能满足村民日常生活对休闲活动场所的需求。

(2) 村庄公共设施建设普遍不足，需求最迫切的为垃圾收集点

①基本现状

表3.1.4、表3.1.5、表3.1.6、表3.1.7和图3.1.7反映了各地区受访村民对增加村庄公共设施的需求比例，不同地区受访村民对不同类型公共设施的需求情况不同。

对于卫生所，各地区的需要比例不同：重庆市、福建省为60%以上，安徽省、青海省、海南省、广东省为40%～60%，湖北省、江西省、广西壮族自治区、辽宁省为30%～40%，山东省、江苏省、河北省、甘肃省为20%～25%，内蒙古自治区、黑龙江省、贵州省、河南省为10%～20%，四川省为9.35%。

在文化教育设施方面，村民对幼儿园和小学的需求情况不同。

对于幼儿园，各地区的需要比例不同：重庆市、福建省、广东省为40%以上，黑龙江省、海南省为30%～40%，河南省、山东省、安徽省、内蒙古自治区、江苏省、辽宁省、湖北省为20%～30%，青海省、甘肃省、广西壮族自治区、河北省、贵州省、江西省为10%～20%，四川省为3.60%。

对于小学，各地区的需要比例不同：福建省为64.00%，重庆市为41.53%，辽宁省、江苏省、广东省、内蒙古自治区、湖北省为20%～30%，青海省、江西省、广西壮族自治区、山东省、河北省、安徽省、海南省、黑龙江省、四川省、河南省为10%～20%，贵州省为4.33%，甘肃省为1.79%。

对于文化室，各地区的需要比例不同：福建省为62.00%，山东省、江西省、广东省、辽宁省、重庆市、海南省为30%～46%，河北省、甘肃省、湖北省、河南省、内蒙古自治区、江苏省、黑龙江省、安徽省、广西壮族自治区为20%～30%，青海省为15.00%，四川省为10.07%，贵州省为3.67%。

对于健身场地，各地区的需要比例不同：江西省为67.77%，河南省、山东省、海南省、福建省、广西壮族自治区为40%～53%，重庆市、江苏省、湖北省、河北省、四川省为30%～40%，甘肃省、辽宁省、黑龙江省、广东省、安徽省、贵州省为20%～30%，内蒙古自治区为16.16%，青海省为5.00%。

对于肉菜市场，各地区的需要比例不同：福建省、广东省为50%以上，四川省、河南省、甘肃省、辽宁省、重庆市为30%～45%，安徽省、黑龙江省、青海省、山东省、内蒙古自治区、海南省、河北省、江苏省为20%～30%，湖北省、江西省、广西壮族自治区为15%～20%，贵州省为5.67%。

对于公厕，各地区的需要比例不同：广西壮族自治区为52.17%，安徽省、海南省、黑龙江省、广东省、重庆市、四川省、福建省为30%～40%，山东省、青海省、河北省、江西省、内蒙古自治区为20%～30%，辽宁省、江苏省、河南省、甘肃省、湖北省、贵州省为10%～20%。

对垃圾收集点，各地区的需要比例不同：青海省达85.00%，福建省、黑龙江省、贵州省为50%～60%，江西省、重庆市、安徽省、湖北省、海南省为40%～50%，广东省、河南省、河北省为30%～40%，山东省、江苏省、内蒙古自治区、四川省、甘肃省、广西壮族自治区为20%～30%，辽宁省为6.98%。

对于老人之家（托老所），各地区的需要比例不同：甘肃省为64.29%，福建省为54.00%，山东省、湖北省、江苏省、重庆市、广西壮族自治区为40%～50%，江西省、广东省、河北省、河南省为35%～40%，海南省、安徽省、黑龙江省、辽宁省为20%～30%，内蒙古自治区、四川省、青海省、贵州省为10%～20%。

整体来看，各地区村民对村庄公共设施最迫切的需要为垃圾收集点，需求最大的地区为青海省和陕西省；村民对村庄公共设施的第二需要为健身场地，剩余依次为卫生所（重庆市、陕西省需要最大）、养老机构（陕西省、甘肃省需要最大）、公厕（陕西省、广西壮族自治区需要最大）、文化场所（陕西省需要最大）、肉菜市场（福建省、广东省需要最大）、学前教育（陕西省、吉林省需要最大）、小学（陕西省需要最大）。

②存在问题

西部、北部地区村庄公共设施建设、发展缓慢，村庄公共设施体系不健全。缺乏镇域公共服务设施布点规划，布点规划未覆盖村一级，无法通过布点规划进行统筹建设，这造成公共服务设施配置不合理。

表3.1.4　各地区村庄需要增加公共设施的情况

省级行政区	觉得本村需要增加哪些公共设施的需求比例								
	A.卫生所（%）	B.幼儿园（%）	C.小学（%）	D.文化室（%）	E.健身场地（%）	F.肉菜市场（%）	G.公厕（%）	H.垃圾收集点（%）	I.老人之家（托老所）（%）
河北	22.33	13.20	14.19	20.46	38.06	27.94	25.41	39.49	36.85
内蒙古	11.79	25.33	27.95	25.76	16.16	25.76	29.26	24.89	13.54
辽宁	37.74	28.30	22.64	43.40	24.53	43.40	13.21	16.98	28.30

（续）

省级行政区	觉得本村需要增加哪些公共设施的需求比例								
	A.卫生所（%）	B.幼儿园（%）	C.小学（%）	D.文化室（%）	E.健身场地（%）	F.肉菜市场（%）	G.公厕（%）	H.垃圾收集点（%）	I.老人之家（托老所）（%）
吉林	50.00	50.00	50.00	0.00	50.00	0.00	50.00	50.00	0.00
黑龙江	13.75	31.23	15.86	27.83	26.05	24.43	34.30	54.21	26.70
江苏	20.56	25.56	24.44	26.11	33.89	29.44	13.89	22.78	41.67
安徽	43.88	23.47	14.90	28.57	28.78	24.29	32.24	42.65	25.92
福建	62.00	46.00	64.00	62.00	48.00	58.00	40.00	52.00	54.00
江西	30.58	15.70	12.40	35.54	67.77	16.53	28.93	40.50	35.54
山东	20.14	21.21	12.75	32.26	42.16	25.58	22.46	22.46	40.29
河南	19.84	20.16	19.36	25.76	41.92	34.72	13.92	36.96	37.44
湖北	30.17	29.93	28.74	24.47	34.44	15.44	16.86	46.32	41.33
广东	57.54	45.78	25.58	36.06	26.34	54.99	34.53	33.25	35.81
广西	31.62	12.65	12.65	29.64	52.96	17.00	52.17	29.64	48.62
海南	51.40	37.38	14.95	45.79	46.73	27.10	32.71	46.73	24.30
重庆	67.80	47.88	41.53	45.76	32.63	44.49	34.75	41.95	45.76
四川	9.35	3.60	16.55	10.07	39.57	30.22	36.69	25.18	13.67
贵州	14.33	13.67	4.33	3.67	29.67	5.67	17.67	55.33	17.00
陕西	66.67	66.67	83.33	66.67	50.00	50.00	66.67	83.33	66.67
甘肃	23.21	12.50	1.79	23.21	21.43	37.50	14.29	28.57	64.29
青海	45.00	10.00	10.00	15.00	5.00	25.00	25.00	85.00	15.00

表3.1.5 各地区村庄公共设施第一需要情况

省级行政区	第一位第一名	第一位第二名	第一位第三名
河北	A.卫生所	I.老人之家	H.垃圾收集点
内蒙古	B.幼儿园	H.垃圾收集点	G.公厕
辽宁	A.卫生所	B.幼儿园	F.肉菜市场
吉林	A.卫生所	F.肉菜市场	I.老人之家
黑龙江	H.垃圾收集点	D.文化室	G.公厕
江苏	I.老人之家	F.肉菜市场	A.卫生所
安徽	A.卫生所	H.垃圾收集点	B.幼儿园
福建	A.卫生所	C.小学	B.幼儿园

（续）

省级行政区	第一位第一名	第一位第二名	第一位第三名
江西	E.健身场地	A.卫生所	D.文化室
山东	D.文化室	I.老人之家	E.健身场地
河南	H.垃圾收集点	E.健身场地	I.老人之家
湖北	A.卫生所	H.垃圾收集点	B.幼儿园
广东	A.卫生所	F.肉菜市场	D.文化室
广西	G.公厕	E.健身场地	A.卫生所
海南	A.卫生所	B.幼儿园	D.文化室
重庆	A.卫生所	I.老人之家	H.垃圾收集点
四川	E.健身场地	G.公厕	C.小学
贵州	H.垃圾收集点	E.健身场地	B.幼儿园
陕西	B.幼儿园	G.公厕	I.老人之家
甘肃	I.老人之家	F.肉菜市场	A.卫生所
青海	H.垃圾收集点	A.卫生所	G.公厕

表3.1.6 各地区村庄公共设施第二需要情况

省级行政区	第二位第一名	第二位第二名	第二位第三名
河北	E.健身场地	I.老人之家	H.垃圾收集点
内蒙古	C.小学	F.肉菜市场	D.文化室
辽宁	E.健身场地	D.文化室	B.幼儿园
吉林	B.幼儿园	H.垃圾收集点	I.老人之家
黑龙江	H.垃圾收集点	E.健身场地	G.公厕
江苏	B.幼儿园	E.健身场地	I.老人之家
安徽	H.垃圾收集点	E.健身场地	D.文化室
福建	C.小学	H.垃圾收集点	B.幼儿园
江西	E.健身场地	H.垃圾收集点	G.公厕
山东	E.健身场地	I.老人之家	D.文化室
河南	E.健身场地	F.肉菜市场	I.老人之家
湖北	H.垃圾收集点	C.小学	B.幼儿园
广东	F.肉菜市场	E.健身场地	D.文化室
广西	G.公厕	E.健身场地	I.老人之家

（续）

省级行政区	第二位第一名	第二位第二名	第二位第三名
海南	D.文化室	E.健身场地	H.垃圾收集点
重庆	B.幼儿园	D.文化室	C.小学
四川	F.肉菜市场	H.垃圾收集点	G.公厕
贵州	H.垃圾收集点	G.公厕	I.老人之家
陕西	C.小学	H.垃圾收集点	D.文化室
甘肃	I.老人之家	F.肉菜市场	E.健身场地
青海	A.卫生所	B.幼儿园	F.肉菜市场

表3.1.7　各地区村庄公共设施第三需要情况

省级行政区	第三位第一名	第三位第二名	第三位第三名
河北	G.公厕	C.小学	E.健身场地
内蒙古	G.公厕	D.文化室	H.垃圾收集点
辽宁	F.肉菜市场	D.文化室	C.小学
吉林	C.小学	G.公厕	I.老人之家
黑龙江	B.幼儿园	I.老人之家	H.垃圾收集点
江苏	C.小学	D.文化室	H.垃圾收集点
安徽	G.公厕	A.卫生所	H.垃圾收集点
福建	B.幼儿园	A.卫生所	D.文化室
江西	H.垃圾收集点	I.老人之家	D.文化室
山东	E.健身场地	I.老人之家	F.肉菜市场
河南	I.老人之家	F.肉菜市场	E.健身场地
湖北	I.老人之家	E.健身场地	C.小学
广东	I.老人之家	H.垃圾收集点	B.幼儿园
广西	I.老人之家	E.健身场地	F.肉菜市场
海南	H.垃圾收集点	D.文化室	E.健身场地
重庆	C.小学	A.卫生所	B.幼儿园
四川	G.公厕	F.肉菜市场	H.垃圾收集点
贵州	H.垃圾收集点	G.公厕	E.健身场地
陕西	B.幼儿园	C.小学 D.文化室 H.垃圾收集点	
甘肃	E.健身场地	D.文化室	F.肉菜市场
青海	C.小学	D.文化室	E.健身场地

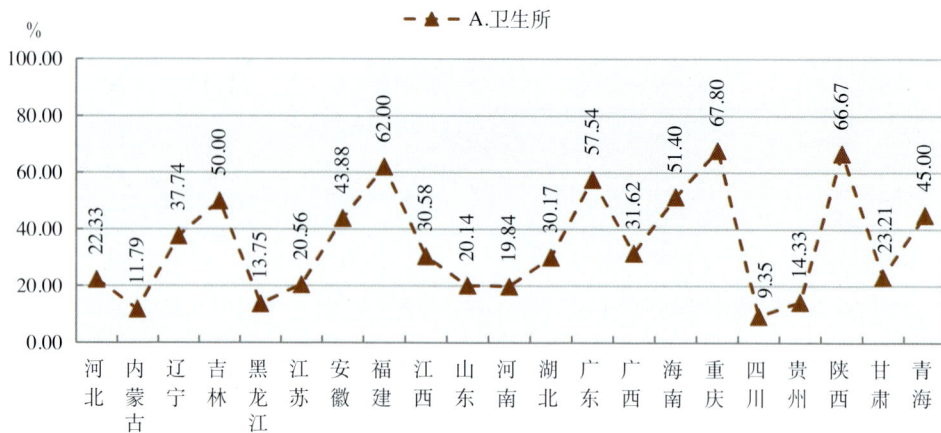

A.卫生所

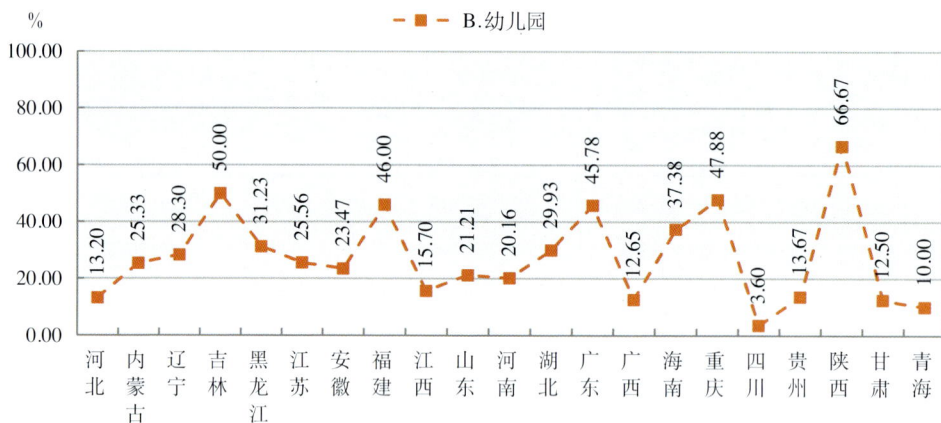

B.幼儿园

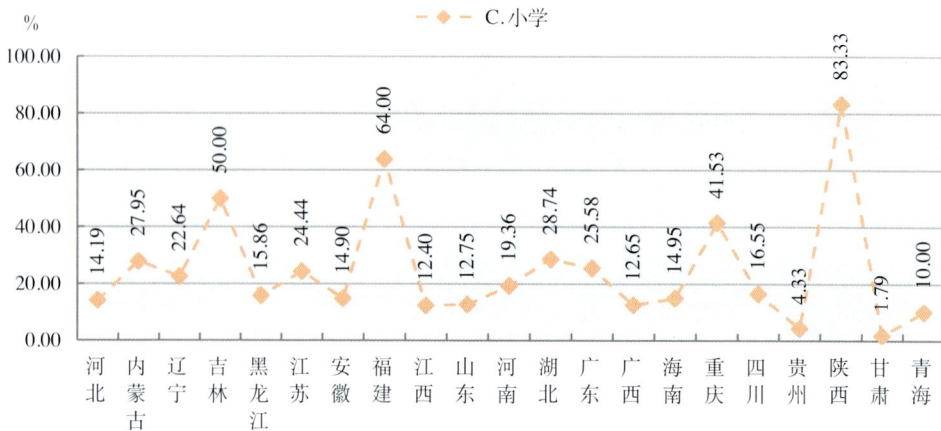

C.小学

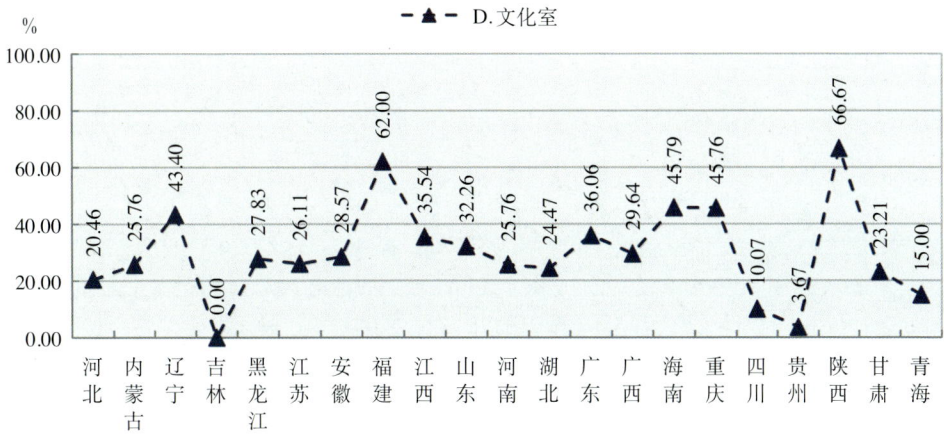

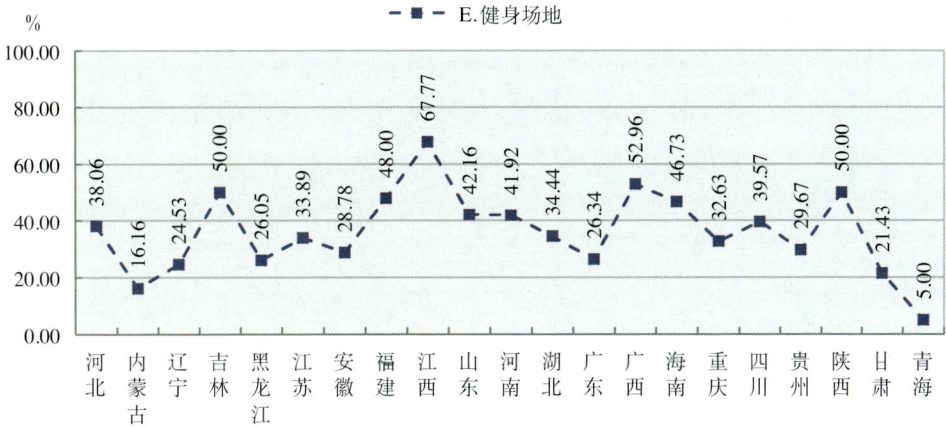

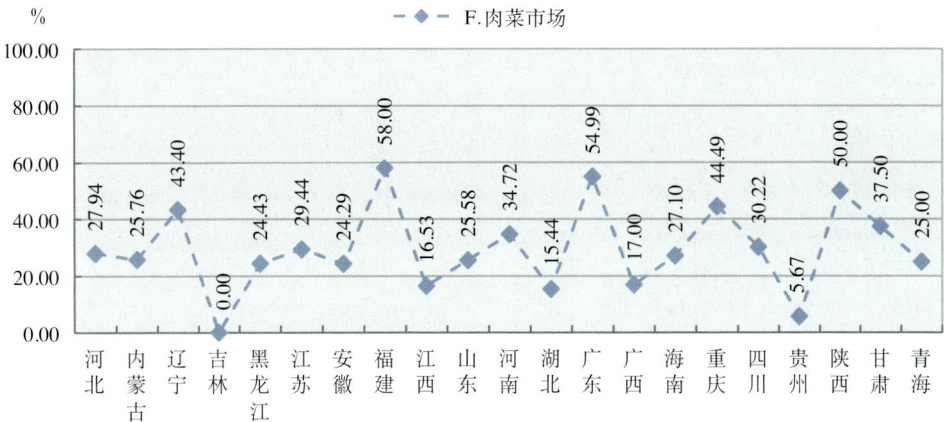

G.公厕

H.垃圾收集点

I.老人之家（托老所）

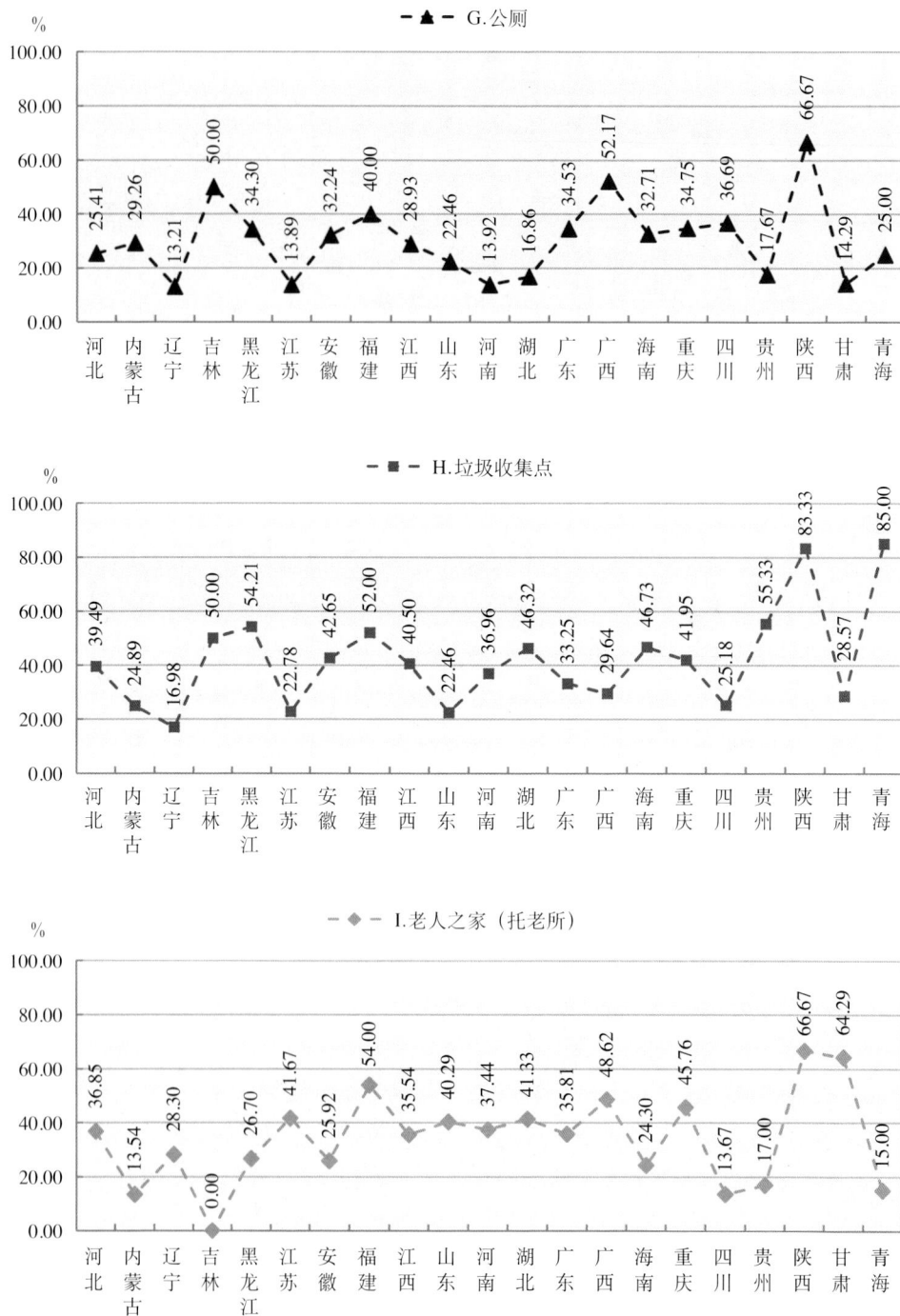

图3.1.7　各地区村庄需要增加公共设施的意见比例

（二）村庄农林草用地承包类型多样

1. 耕地承包情况

（1）村民承包耕地面积普遍较小

①基本现状

表3.1.8、图3.1.8和图3.1.9反映了各地区受访村民家庭承包耕地面积及其构成比例的情况。村民家庭承包耕地平均面积为7.3亩*，超过平均水平的地区占全国比例的28.6%。各地区村民家庭承包耕地面积不同：西北地区如内蒙古自治区、青海省，东北地区如黑龙江省、辽宁省最大，分别达到10.55亩、11.60亩、16.59亩和38.80亩；海南省最小，为0.75亩；山东省、贵州省、广东省、四川省为3～4亩；广西壮族自治区、重庆市、河北省、福建省、江苏省、湖北省为4～6亩；安徽省、江西省、河南省、甘肃省为6～9亩。

整体来看，各地区村民家庭承包耕地面积达到10亩以上的占全国比例的9.2%。

②存在问题

不同地区村民家庭承包耕地面积情况差异显著，村庄承包耕地面积规模普遍较小，不能形成规模种植优势。

表3.1.8　各地区村民家庭承包耕地面积及其构成比例

省级行政区	承包耕地平均面积（亩）	最大值（亩）	最小值（亩）	0亩（%）	0～2亩（0<L≤2）（%）	2～4亩（2<L≤4）（%）	4～10亩（4<L≤10）（%）	10～20亩（10<L≤20）（%）	20亩以上（L>20）（%）
河北	4.50	105	0	26.49	15.00	17.66	33.83	6.38	0.64
内蒙古	10.55	67	0	42.42	1.73	4.76	16.02	17.32	17.75
辽宁	16.59	300	0	31.03	8.62	12.07	34.48	6.90	6.90
吉林	3.50	4	3	0.00	0.00	100.00	0.00	0.00	0.00
黑龙江	11.60	213	0	14.15	1.91	8.90	33.86	26.23	14.94
江苏	5.18	200	0	8.42	25.25	29.21	33.66	1.98	1.49
安徽	6.35	115	0	5.57	9.34	24.65	48.31	10.54	1.59
福建	5.06	80	0	18.00	50.00	12.00	14.00	0.00	6.00
江西	6.81	66	0	7.44	12.40	25.62	39.67	13.22	1.65
山东	3.09	80	0	34.72	17.89	18.69	25.95	2.13	0.62
河南	7.32	1 600	0	11.96	15.18	28.37	35.89	6.90	1.69
湖北	5.73	260	0	9.52	20.95	25.95	34.52	6.43	2.62
广东	3.19	15	0	8.70	26.85	36.57	26.60	1.28	0.00

---

*　亩为非法定计量单位，1亩≈667平方米。——编者注

（续）

省级行政区	承包耕地平均面积（亩）	最大值（亩）	最小值（亩）	0亩（%）	0～2亩（0<L≤2）（%）	2～4亩（2<L≤4）（%）	4～10亩（4<L≤10）（%）	10～20亩（10<L≤20）（%）	20亩以上（L>20）（%）
广西	4.09	16	0	8.33	10.71	47.62	28.97	4.37	0.00
海南	0.75	6	0	78.95	5.26	9.65	6.14	0.00	0.00
重庆	4.42	200	0	5.81	34.85	27.39	29.46	2.07	0.41
四川	3.94	293	0	2.43	39.81	50.00	7.28	0.00	0.49
贵州	3.15	29	0	15.43	30.87	27.33	22.83	3.22	0.32
陕西	0.00	0	0	100.00	0.00	0.00	0.00	0.00	0.00
甘肃	8.55	30	0	10.71	7.14	7.14	57.14	10.71	7.14
青海	38.80	700	0	35.00	0.00	5.00	50.00	5.00	5.00

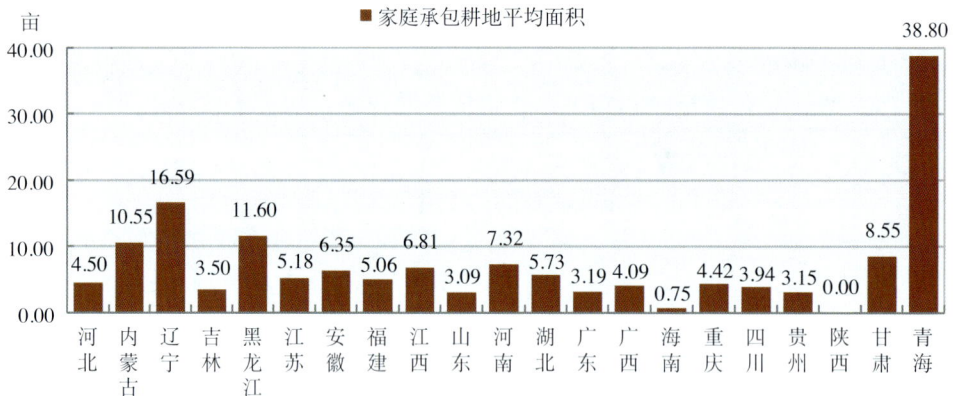

图3.1.8　各地区村民家庭承包耕地平均面积

（2）村民承包耕地地块数普遍较多，山区耕地破碎化情况严重

①基本现状

表3.1.9、图3.1.10和图3.1.11反映了各地区受访村民家庭承包耕地的地块数及其构成比例的情况。村民家庭承包耕地平均地块数为3.28块，超过平均水平的地区占全国比例的38.1%；村民家庭承包耕地平均地块数在5块以下的地区较多，占76.2%。各地区村民家庭承包耕地平均地块数不同：山区较多，重庆市和甘肃省最多，分别达到9.45块、6.16块；四川省、安徽省、江西省、广西壮族自治区为4～6块；广东省、山东省、内蒙古自治区、河北省、河南省、江苏省、湖北省、黑龙江省为2～4块；辽宁省、贵州省、福建省为1～2块；海南省、青海省分别为0.68块、0.95块。

整体来看，各地区村民家庭承包耕地的地块数普遍较多，其中重庆市村民家庭承包耕地的平均地块数最多，对平整土地的需求最大。

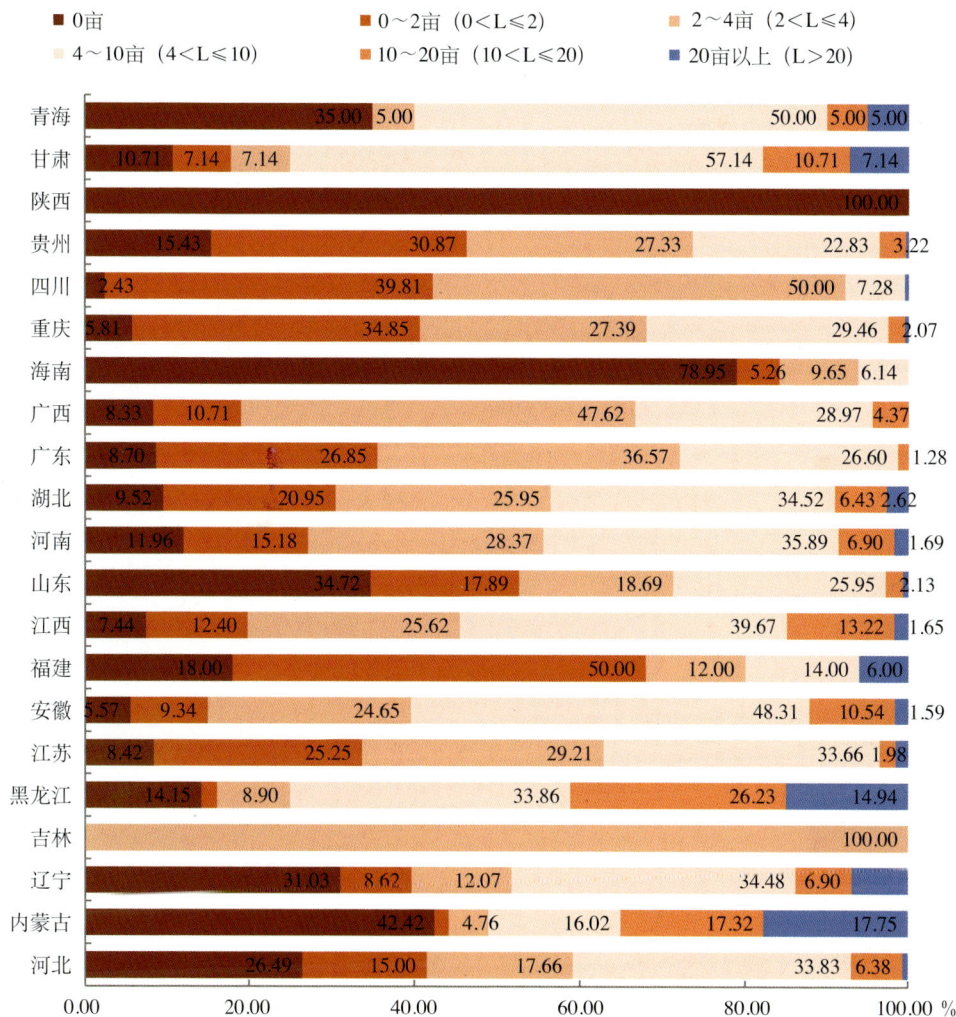

图3.1.9 各地区村民承包耕地面积的构成比例

②存在问题

农村地区耕地细碎化程度较高，这是限制农业规模化较为重要的因素，不利于村民从事规模化、集约化农业活动。

表3.1.9 各地区村民家庭承包耕地地块数及其构成比例

省级行政区	承包耕地平均块数（块）	1块（%）	2～5块（%）	6～10块（%）	10块以上（%）
河北	2.97	27.87	53.70	17.47	0.96
内蒙古	2.77	42.42	40.69	12.12	4.76
辽宁	1.21	44.83	53.45	1.72	0.00
吉林	2.50	0.00	100.00	0.00	0.00

（续）

省级行政区	承包耕地平均块数（块）	1块（%）	2～5块（%）	6～10块（%）	10块以上（%）
黑龙江	3.56	11.09	73.18	9.60	6.13
江苏	3.24	11.18	72.05	14.91	1.86
安徽	5.38	7.09	63.54	15.19	13.92
福建	1.64	18.00	78.00	2.00	2.00
江西	5.66	7.50	47.50	37.50	7.50
山东	2.39	35.66	55.17	7.08	1.81
河南	3.11	10.06	74.37	10.53	5.03
湖北	3.50	11.44	70.56	13.14	4.87
广东	2.36	8.70	84.40	6.91	0.00
广西	5.74	8.30	42.69	43.48	5.53
海南	0.68	79.82	17.54	2.63	0.00
重庆	9.45	7.33	34.05	30.17	23.28
四川	4.12	3.41	72.20	24.39	0.00
贵州	1.52	40.15	53.79	6.06	0.00
陕西	0.00	100.00	0.00	0.00	0.00
甘肃	6.16	8.93	39.29	37.50	14.29
青海	0.95	35.00	60.00	5.00	0.00

图3.1.10 各地区村民家庭承包耕地平均地块数

（3）村民对基本农田的认知普遍不高

①基本现状

表3.1.10和图3.1.12反映了各地区受访村民对承包耕地是否为基本农田的认

■ 0块　■ 1～5块　■ 6～10块　■ 11～50块　■ 50块以上

青海	35.00	60.00　5.00
甘肃	8.93　39.29　37.50	
陕西	100.00	
贵州	40.15　53.79　6.06	
四川	3.41　72.20　24.39	
重庆	7.33　34.05　30.17　23.28　5.17	
海南	79.82　17.54 2.63	
广西	8.30　42.69　43.48　5.53	
广东	8.70　84.40　6.91	
湖北	11.44　70.56　13.14　4.87	
河南	10.06　74.37　10.53　5.03	
山东	35.66　55.17　7.08　1.81	
江西	7.50　47.50　37.50　7.50	
福建	18.00　78.00 2.00　2.00	
安徽	7.09　63.54　15.19　13.92	
江苏	11.18　72.05　14.91　1.86	
黑龙江	11.09　73.18　9.60　6.13	
吉林	100.00	
辽宁	44.83　53.45　1.72	
内蒙古	42.42　40.69　12.12　4.76	
河北	27.87　53.70　17.47　0.96	

0.00　　20.00　　40.00　　60.00　　80.00　　100.00 %

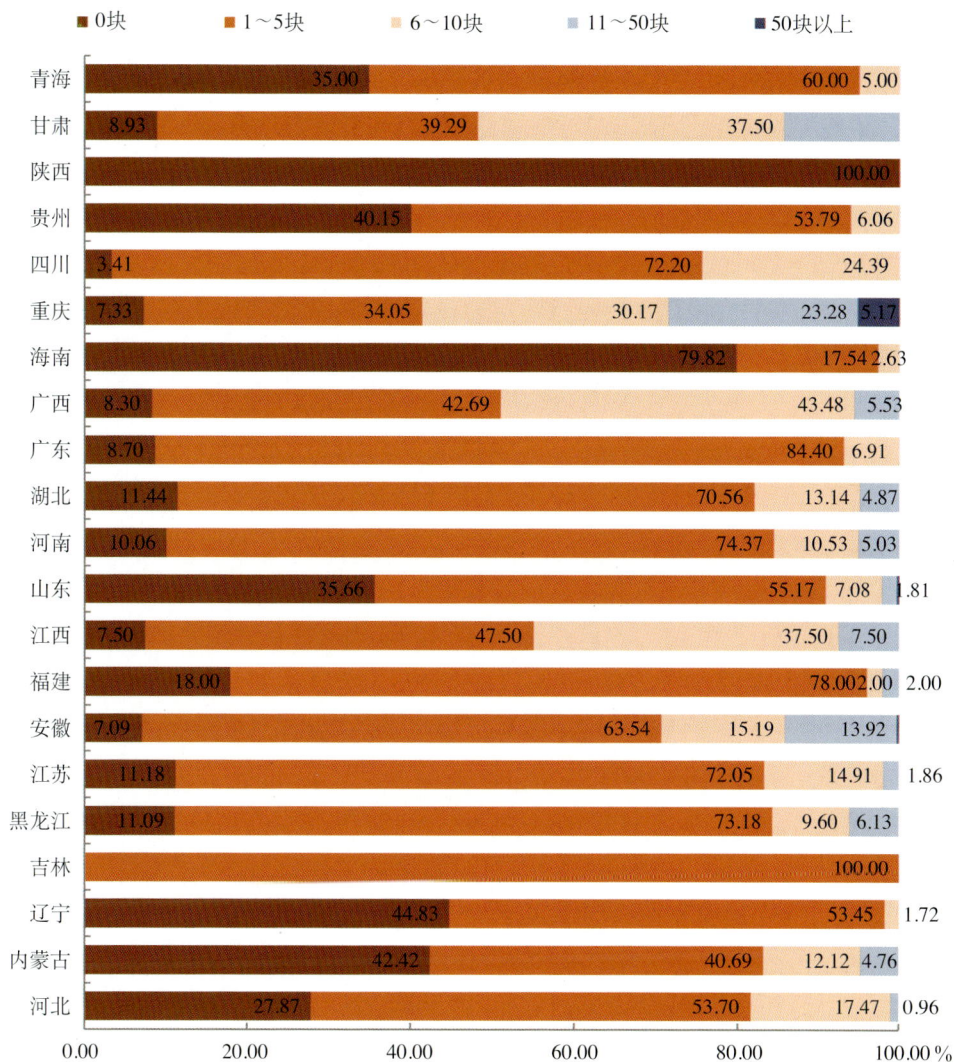

图 3.1.11　各地区村民承包耕地块数的构成比例

知情况。认为承包耕地是基本农田的村民平均占比为 63.2%，认为承包耕地不是基本农田的村民平均占比为 22.9%，认知不清楚的村民平均占比为 14%。对于认为承包耕地是基本农田的情况，各地区村民的占比不同：贵州省最低，为 17.43%；广西壮族自治区、黑龙江省、辽宁省为 40%～50%；甘肃省、内蒙古自治区、山东省、河北省、重庆市、青海省、福建省为 50%～70%；湖北省、安徽省、河南省、江苏省、江西省、海南省、广东省为 75%～90%；四川省最高，达 92.72%。

表3.1.10　各地区村民对承包耕地是否为基本农田的认知情况

省级行政区	承包耕地是否为基本农田		
	是（%）	否（%）	不清楚（%）
河北	61.30	19.13	19.57
内蒙古	53.28	21.83	24.89
辽宁	50.00	36.21	13.79
吉林	50.00	50.00	0.00
黑龙江	48.76	16.92	34.33
江苏	81.41	9.05	9.55
安徽	79.24	5.19	15.57
福建	70.00	22.00	8.00
江西	85.12	8.26	6.61
山东	54.94	34.24	10.82
河南	80.82	9.67	9.51
湖北	76.65	14.86	8.49
广东	89.03	6.63	4.34
广西	44.66	48.62	6.72
海南	86.84	7.02	6.14
重庆	68.46	12.03	19.50
四川	92.72	2.43	4.85
贵州	17.43	45.39	37.17
陕西	14.29	71.43	14.29
甘肃	51.79	14.29	33.93
青海	70.00	25.00	5.00

对于认为承包耕地不是基本农田的情况，各地区村民的占比不同：广西壮族自治区、贵州省分别达到48.62%和45.39%；辽宁省、山东省、青海省、福建省、内蒙古自治区为20%～40%；河北省、黑龙江省、湖北省、甘肃省、重庆市为10%～20%；河南省、江苏省、江西省、海南省、广东省、安徽省为5%～10%；四川省占比最低，为2.43%。

此外，对于不清楚承包耕地是否为基本农田的情况，各地区村民的比不同：贵州省、黑龙江省、甘肃省最高，达30%以上；山东省、辽宁省、安徽省、重庆市、河北省、内蒙古自治区为10%～25%；青海省、海南省、江西省、广西壮族自治区、福建省、湖北省、河南省、江苏省为5%～10%；四川省、广东省为5%以下。

整体来看，村民认为承包耕地为基本农田的平均占比不高，大部分地区村

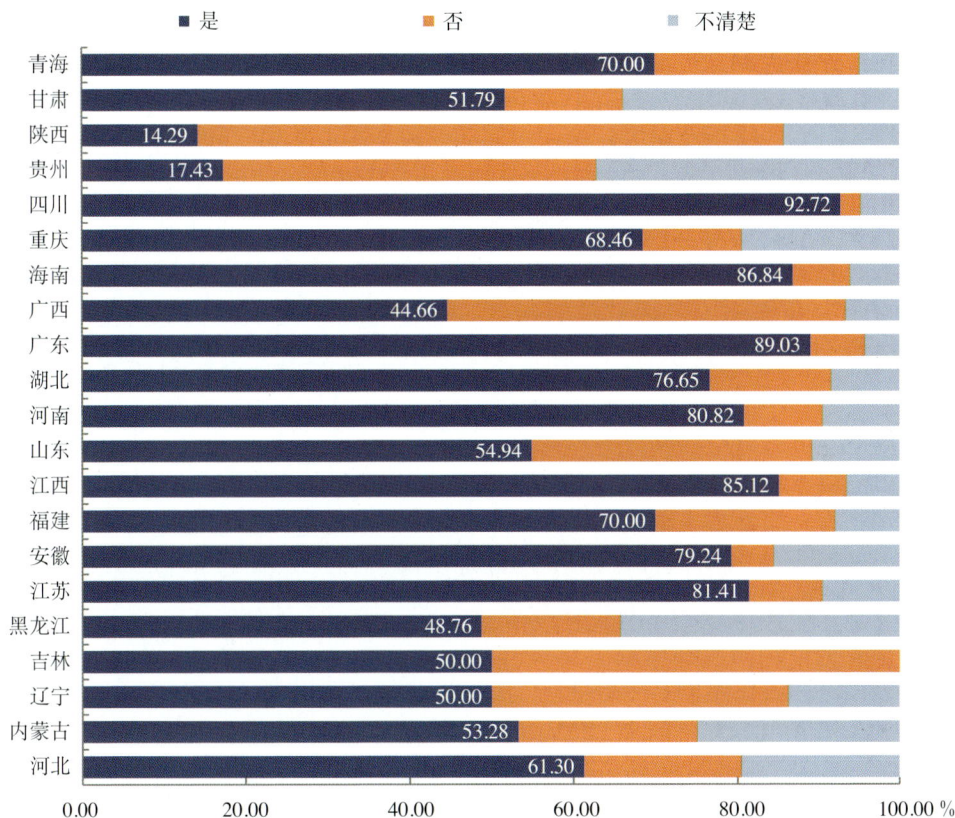

图3.1.12 各地区村民对承包耕地是否为基本农田的认知情况

民对基本农田的认知不足。村民对承包耕地是否为基本农田的认知程度,东部沿海地区较高。

②存在问题

由于基本农田政策宣传力度不足,导致西部地区村民对基本农田认知程度不高。

2. 承包耕地流转情况

(1) 承包耕地流转方式以转让和出租为主

①基本现状

表3.1.11和图3.1.13反映了各地区受访村民承包耕地流转方式及其构成的占比情况。各地区耕地流转情况不同,青海省、海南省的调研对象中没有家庭流转土地;甘肃省、广东省、黑龙江省流转承包耕地的家庭在10%以内;福建省、广西壮族自治区、湖北省、山东省、江苏省、江西省流转承包耕地的家庭为10%~20%;辽宁省、内蒙古自治区、河北省、重庆市、安徽省、河南省

流转承包耕地的家庭为20%～35%；贵州省和四川省流转承包耕地的家庭比例最高，分别达84.75%和87.86%。村民采用转让方式流转耕地的平均占比为31%，采用出租方式流转耕地的平均占比为64.7%，采用互换方式流转耕地的平均占比为0.7%，采用入股方式流转耕地的平均占比为0.4%，采用抵押方式流转耕地的平均占比为0.2%，采用其他方式流转耕地的平均占比为10.3%。

对于采用转让方式流转承包耕地的情况，各地区村民采用该种方式流转家庭承包耕地占比不同：内蒙古自治区达100%，辽宁省为83.33%，广东省为50.00%，山东省、广西壮族自治区、福建省为30%～40%，河南省、黑龙江省、河北省、湖北省、江西省、重庆市、江苏省、贵州省、安徽省为10%～30%，四川省为2.22%，甘肃省为0。

对于采用出租方式流转承包耕地的情况，各地区村民采用该种方式流转家庭承包耕地占比不同：四川省达97.78%，黑龙江省达92.11%，安徽省、重庆市、河北省、河南省、湖北省为80%～90%，福建省、山东省、江苏省、贵州省、广西壮族自治区、江西省为60%～80%，广东省为50%，辽宁省为16.67%，内蒙古自治区及甘肃省均为0。

对于采用互换方式流转承包耕地的情况，各地区村民采用该种方式流转家庭承包耕地占比不同：多数省份为0，河北省、四川省、安徽省、山东省为0～1%，广西壮族自治区为3.03%，重庆市为3.23%。

对于采用入股方式流转承包耕地的情况，各地区村民采用该种方式流转家庭承包耕地占比不同：多数省份为0，贵州省、河北省、四川省、河南省、湖北省为0～2%，广西壮族自治区为3.03%。

对于采用抵押流转方式流转承包耕地的情况，各地区村民采用该种方式流转家庭承包耕地占比不同：多数省份为0，河北省、四川省、山东省为0～1%；黑龙江省为2.63%。

对于采用其他方式流转承包耕地的情况，各地区村民采用该种方式流转家庭承包耕地占比不同：贵州省、河南省、湖北省、山东省、河北省为0～3%；安徽省、重庆市、江苏省为5%～8%；广东省为50%；甘肃省达100%。

表3.1.11 各地区村民家庭承包耕地流转方式的比例

省级行政区	转让（%）	出租（%）	互换（%）	入股（%）	抵押（%）	其他（%）
河北	11.68	86.80	0.51	0.51	0.51	2.54
内蒙古	100.00	0.00	0.00	0.00	0.00	0.00
辽宁	83.33	16.67	0.00	0.00	0.00	0.00
吉林	0.00	100.00	0.00	0.00	0.00	0.00
黑龙江	10.53	92.11			2.63	0.00
江苏	26.32	68.42	0.00	0.00	0.00	7.89

（续）

省级行政区	转让（%）	出租（%）	互换（%）	入股（%）	抵押（%）	其他（%）
安徽	28.57	81.17	0.65	0.00	0.00	5.84
福建	40.00	60.00	0.00	0.00	0.00	0.00
江西	21.74	78.26	0.00	0.00	0.00	0.00
山东	32.74	66.37	0.88	0.00	0.88	1.77
河南	10.20	88.27	0.00	1.02	0.00	1.53
湖北	12.07	89.66	0.00	1.72	0.00	1.72
广东	50.00	50.00	0.00	0.00	0.00	50.00
广西	39.39	75.76	3.03	3.03	0.00	0.00
海南						
重庆	22.58	82.26	3.23	0.00	0.00	6.45
四川	2.22	97.78	0.56	0.56	0.56	0.00
贵州	27.31	71.49	0.00	0.40	0.00	0.80
陕西						
甘肃	0.00	0.00	0.00	0.00	0.00	100.00
青海						

整体来看，各地区村民流转家庭承包耕地的情况差异较大，部分地区的村民没有流转家庭承包耕地。而流转了家庭承包耕地的村民，主要的流转方式是转让和出租，多数省份的家庭没有采用互换、入股和抵押流转的方式流转家庭承包耕地。

②存在问题

由于耕地流转方式单一，各地区土地流转交易市场不够健全，导致土地流转的规模及效益受到影响。

（2）承包耕地流转的面积普遍较小

①基本现状

表3.1.12、图3.1.14和图3.1.15反映了各地区受访村民家庭承包耕地的流转面积及其构成比例的情况。各地区村民家庭承包耕地的平均流转面积为8.6亩，超过平均水平的地区占全国比例的28.6%。村民家庭承包耕地的平均流转面积在10亩以下的地区占比较多，为81%；村民家庭承包耕地平均流转面积达10亩以上的占比为19%。各地区村民家庭承包耕地流转面积规模不同：东部地区和北部地区规模较大，其中江苏省、山东省、内蒙古自治区居前，河南省为12.45亩，山东省为20.77亩，内蒙古自治区为22.17亩，江苏省为23.60亩；西部地区家庭承包耕地的流转发展缓慢，规模较小，广西壮族自治区、河北省、福建省、江西省、湖北省、甘肃省为3～5亩；重庆市、安徽省、辽宁省、黑龙江省、贵州省为5～10亩；四川省最小，平均流转面积为2.35亩。

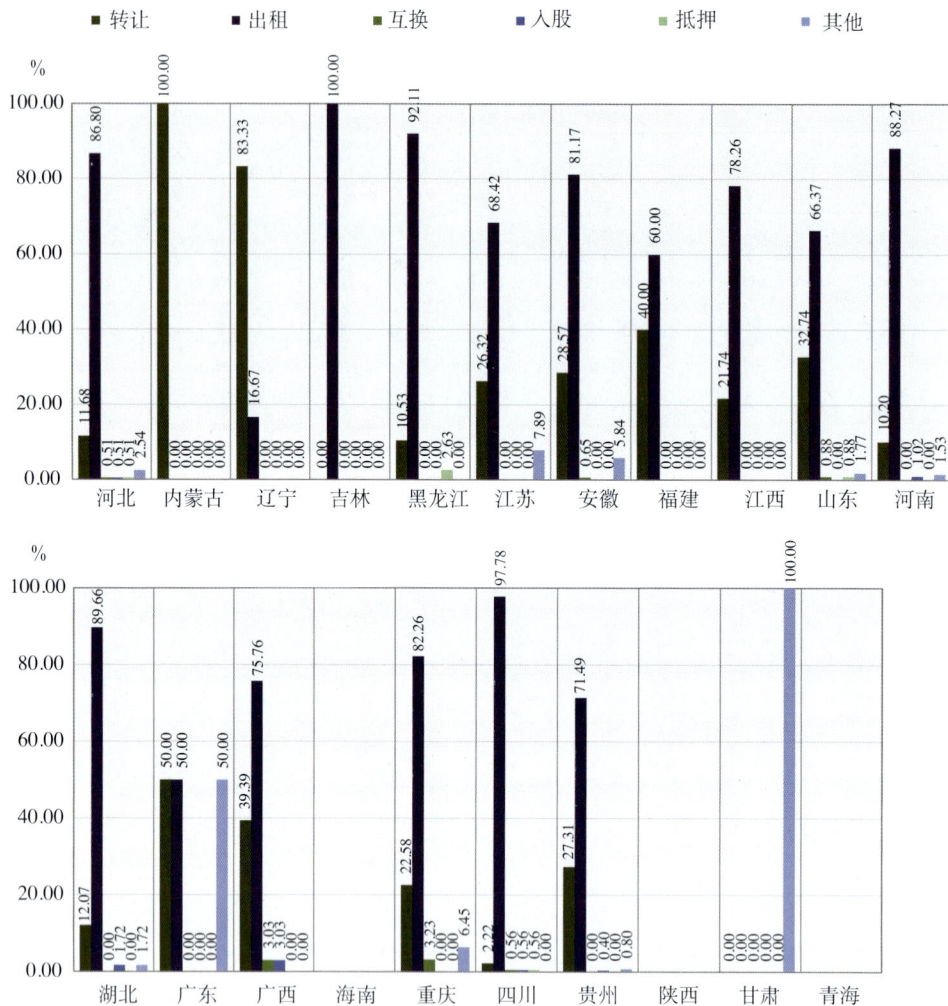

图例：■ 转让 ■ 出租 ■ 互换 ■ 入股 ■ 抵押 ■ 其他

图3.1.13 各地区村民承包耕地流转方式的构成比例

整体来看，各地区流转家庭承包耕地的情况差异显著，大部分地区流转的耕地面积较小，传统农业及现代农业发展大省流转的耕地面积较大，耕地流转市场尚不健全。

②存在问题

西部地区耕地流转水平低，大规模耕地流转情况占比不大，没有形成农业集聚龙头发展效应。

表3.1.12 各地区村民家庭承包耕地流转面积及其构成比例

省级行政区	平均流转面积（亩）	0～2亩（0<L≤2）（%）	2～4亩（2<L≤4）（%）	4～10亩（4<L≤10）（%）	10～20亩（10<L≤20）（%）	20亩以上（L>20）（%）
河北	3.60	66.33	16.84	12.24	3.06	1.53

（续）

省级行政区	平均流转面积（亩）	0～2亩（0<L≤2）（%）	2～4亩（2<L≤4）（%）	4～10亩（4<L≤10）（%）	10～20亩（10<L≤20）（%）	20亩以上（L>20）（%）
内蒙古	22.17	0.00	0.00	26.92	28.85	44.23
辽宁	8.09	18.18	9.09	45.45	27.27	0.00
吉林	1.75	100.00	0.00	0.00	0.00	0.00
黑龙江	9.48	10.53	13.16	44.74	28.95	2.63
江苏	23.60	51.35	21.62	18.92	2.70	5.41
安徽	6.49	22.82	32.21	36.24	5.37	3.36
福建	3.62	40.00	20.00	40.00	0.00	0.00
江西	4.10	26.09	39.13	34.78	0.00	0.00
山东	20.77	69.72	15.60	10.09	2.75	1.83
河南	12.45	36.82	31.34	23.38	5.97	2.49
湖北	4.46	47.37	28.07	17.54	3.51	3.51
广东						
广西	3.14	45.45	30.30	24.24	0.00	0.00
海南						
重庆	5.91	55.00	30.00	11.67	1.67	1.67
四川	2.35	48.04	48.04	3.91	0.00	0.00
贵州	9.54	46.18	32.93	18.07	2.01	0.80
陕西						
甘肃	5.00	0.00	0.00	100.00	0.00	0.00
青海						

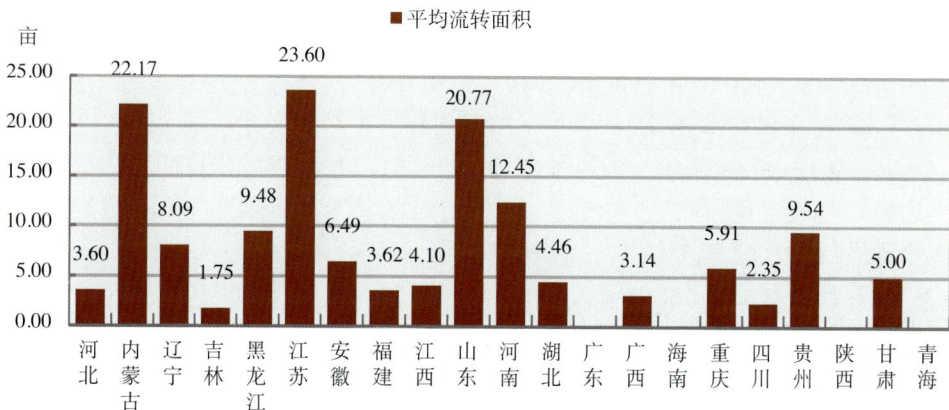

图3.1.14 各地区村民家庭承包耕地的平均流转面积

■ 0~2亩（0<L≤2）　　■ 2~4亩（2<L≤4）　　■ 4~10亩（4<L≤10）

■ 10~20亩（10<L≤20）　　■ 20亩以上（L>20）

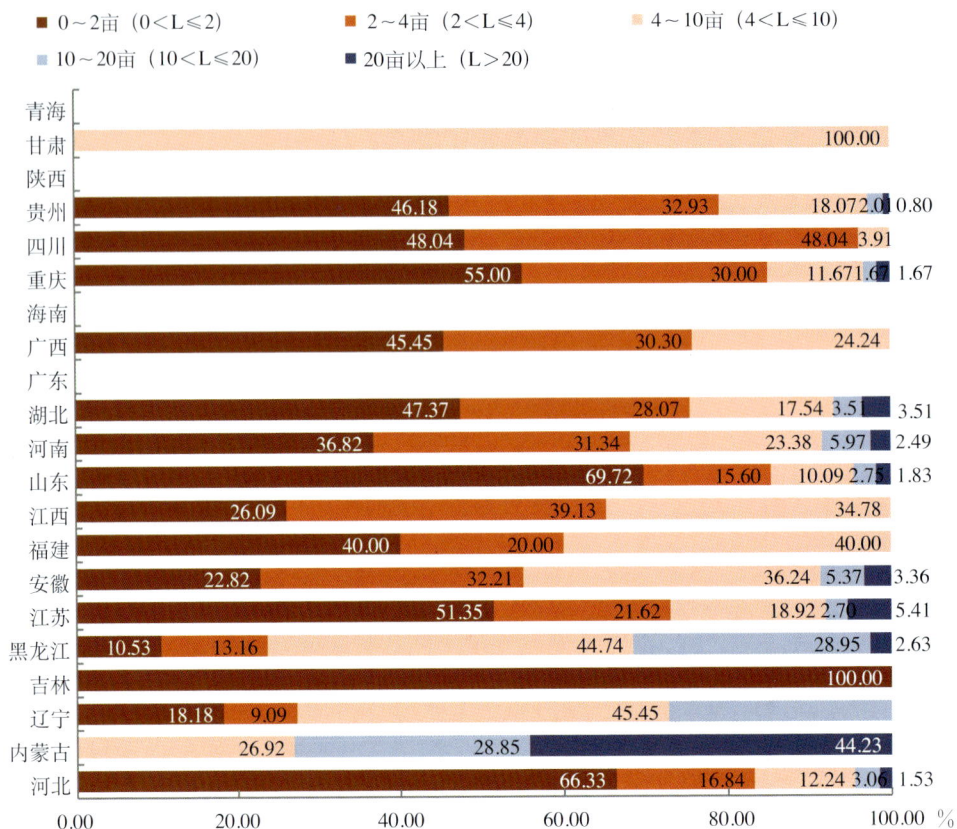

图3.1.15　各地区村民家庭承包耕地流转面积的构成比例

（3）承包耕地流转年数普遍较短

①基本现状

表3.1.13、图3.1.16和图3.1.17反映了各地区受访村民承包耕地流转年数及其构成比例的情况。村民承包耕地平均流转年数为9.83年，超过平均水平的地区占全国比例的33.3%。村民承包耕地平均流转年数在10年以下的地区占比较多，为66.7%。其中甘肃省最短，为0年；黑龙江省、安徽省、福建省、江西省为3~5年；内蒙古自治区、河北省、湖北省、辽宁省为5~10年。广西壮族自治区、重庆市、河南省、四川省为10~15年。村民家庭承包耕地平均流转年数达到15年以上的占比为14.3%。其中，山东省为18.55年；江苏省达21.40年；贵州省最长，为22.59年。

②存在问题

各地区村民承包耕地流转年数情况相差很大，西北地区村民承包耕地流转年数普遍较短，未能形成长期规模种植优势。

表3.1.13 各地区村民承包耕地流转年数及其构成比例

省级行政区	平均流转年数（年）	1～3年（%）	4～5年（%）	6～10年（%）	11～29年（%）	30年及以上（%）
河北	7.60	51.56	11.98	18.23	13.02	5.21
内蒙古	5.85	19.23	1.92	78.85	0.00	0.00
辽宁	9.40	0.00	0.00	80.00	20.00	0.00
吉林	5.00	0.00	100.00	0.00	0.00	0.00
黑龙江	3.11	74.29	20.00	5.71	0.00	0.00
江苏	21.40	8.57	5.71	22.86	17.14	45.71
安徽	3.94	80.15	10.29	5.88	2.21	1.47
福建	4.00	60.00	20.00	20.00	0.00	0.00
江西	4.78	56.52	21.74	17.39	4.35	0.00
山东	18.55	42.42	21.21	11.11	13.13	12.12
河南	13.62	10.75	9.14	16.13	59.68	4.30
湖北	8.89	4.35	19.57	71.74	4.35	0.00
广东						
广西	10.21	33.33	9.09	21.21	33.33	3.03
海南						
重庆	13.11	18.87	9.43	11.32	41.51	18.87
四川	14.02	0.56	1.69	0.00	97.74	0.00
贵州	22.59	0.82	0.41	0.00	81.56	17.21
陕西						
甘肃	1.00	100.00	0.00	0.00	0.00	0.00
青海						

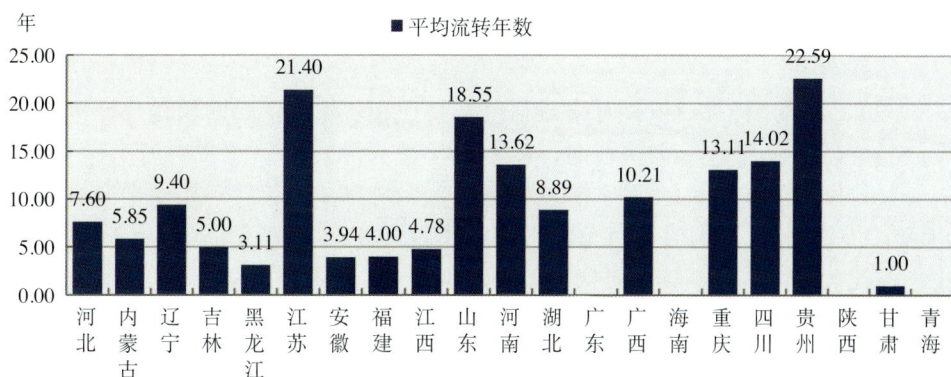

图3.1.16 各地区村民承包耕地平均流转年数

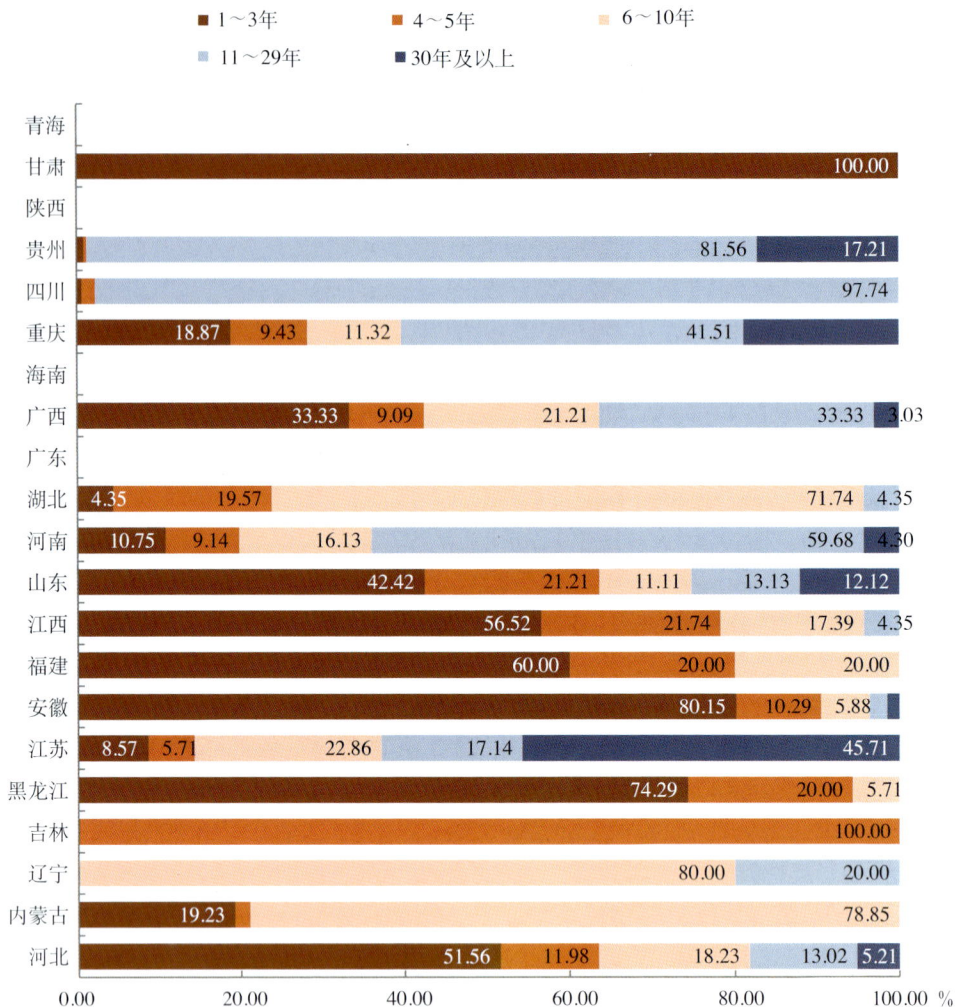

图3.1.17　各地区村民承包耕地流转年数的构成比例

（4）各地区承包耕地流转对象虽多元，但普遍以本地村民为主

①基本现状

表3.1.14和图3.1.18反映了各地区受访村民承包耕地流转对象构成比例的情况。各地区村民流转承包耕地时，以本地村民为流转对象的平均占比为41%，以外村村民为流转对象的平均占比为6.9%，以村集体为流转对象的平均占比为14.3%，以种养大户为流转对象的平均占比为9.9%，以农业企业为流转对象的平均占比为19.9%，以其他对象为流转对象的平均占比为8.9%。这说明各地区承包耕地流转对象虽然多元，但普遍以本村村民为主要流转对象。各地区以本村村民为承包耕地主要流转对象的比例不同：甘肃省、江西省、福建省分别达100%、91.30%、80.00%，黑龙江省、广西壮族自治区、安徽省分别为66.67%、

54.55%、49.67%，江苏省、内蒙古自治区、河南省、湖北省、辽宁省、重庆市、河北省、山东省为18%～50%，贵州省为1.76%，四川省仅为0.56%。

各地区以外村村民为承包耕地流转对象的比例不同：安徽省、江苏省、福建省、山东省占比分别为31.13%、27.03%、20.00%、14.68%，贵州省、河南省、广西壮族自治区、河北省、黑龙江省、江西省的比例为0～10%，四川省、内蒙古自治区、湖北省、辽宁省、重庆市、甘肃省均为0。

各地区以村集体为主要流转对象的比例不同：四川省占比达97.21%，河北省、辽宁省分别占比52.31%和41.67%，黑龙江省、安徽省、湖北省、河南省、山东省为6%～13%；江苏省为2.70%，内蒙古自治区、重庆市、甘肃省、贵州、广西壮族自治区、江西省、福建省均为0。

各地区以种养大户为流转对象的比例不同：江苏省、辽宁省、广西壮族自治区、河南省，占比分别为40.54%、33.33%、24.24%、15.34%，河北省、四川省、内蒙古自治区、湖北省、重庆市、山东省、安徽省、黑龙江省为1%～14%，甘肃省、贵州省、江西省、福建省均为0。

各地区以农业企业为主要流转对象的比例不同：内蒙古自治区、湖北省、河南省、重庆市占比分别为76.47%、55.17%、38.62%、37.29%，广西壮族自治区、贵州省、山东省为12%～22%，江苏省为8.11%，河北省为3.59%，四川省为1.12%，甘肃省、江西省、福建省、安徽省、黑龙江省、辽宁省均为0。

各地区流转给其他承包耕地流转对象的比例不同：贵州省达80.18%，重庆市为28.81%，河北省为9.23%，河南省为8.47%，江苏省、山东省、湖北省、广西壮族自治区、黑龙江省为3%～7%，甘肃省、江西省、福建省、安徽省、辽宁省、四川省、内蒙古自治区均为0。

②存在问题

不同地区村民承包耕地的流转对象存在较大差异，虽大部分地区以本地村民为承包耕地的主要流转对象，但流转对象复杂，村庄农业发展模式多样，未能形成稳定的农业发展模式。

表3.1.14　各地区村民承包耕地流转对象的构成比例

省级行政区	本村村民（%）	外村村民（%）	村集体（%）	种养大户（%）	农业企业（%）	其他（%）
河北	29.74	4.10	52.31	1.03	3.59	9.23
内蒙古	19.61	0.00	0.00	3.92	76.47	0.00
辽宁	25.00	0.00	41.67	33.33	0.00	0.00
吉林	50.00	0.00	0.00	0.00	50.00	0.00
黑龙江	66.67	6.67	6.67	13.33	0.00	6.67
江苏	18.92	27.03	2.70	40.54	8.11	2.70
安徽	49.67	31.13	7.95	11.26	0.00	0.00
福建	80.00	20.00	0.00	0.00	0.00	0.00

省级行政区	本村村民（%）	外村村民（%）	村集体（%）	种养大户（%）	农业企业（%）	其他（%）
江西	91.30	8.70	0.00	0.00	0.00	0.00
山东	36.70	14.68	12.84	11.01	21.10	3.67
河南	23.81	2.12	11.64	15.34	38.62	8.47
湖北	24.14	0.00	10.34	5.17	55.17	5.17
广东						
广西	54.55	3.03	0.00	24.24	12.12	6.06
海南						
重庆	25.42	0.00	0.00	8.47	37.29	28.81
四川	0.56	0.00	97.21	1.12	1.12	0.00
贵州	1.76	0.44	0.00	0.00	17.62	80.18
陕西						
甘肃	100.00	0.00	0.00	0.00	0.00	0.00
青海						

（5）部分地区承包耕地流转费用过高

①基本现状

表3.1.15和图3.1.19反映了各地区受访村民承包耕地流转费用及其构成比例的情况。村民承包耕地流转平均费用为731.1元/（年·亩），超过平均水平的地区占全国比例的33.3%。四川省耕地流转平均费用最高，为2 231元/（年·亩）；内蒙古自治区承包耕地的流转平均费用最低，为280元/（年·亩）；村民承包耕地流转平均费用在500元/（年·亩）以下的地区占比较多，为47.6%，如江西省、黑龙江省、湖北省的耕地流转平均费用为300～500元/（年·亩）。

不同地区的耕地流转平均费用差异显著，村民们对此的满意情况也不同。表3.1.16和图3.1.20反映了各地区受访村民对承包耕地流转费用满意度的情况。村民对承包耕地流转费用的满意率平均占比数为66.8%，超过平均水平的地区占全国比例的47.6%。各地区村民对承包耕地流转价格的平均满意率不同：吉林省和四川省最高，均达到了100%；贵州省和甘肃省最低，分别为0.80%和0；达到85%以上的地区占全国比例的19.04%，包括湖北省和江西省；河北省、重庆市、黑龙江省、安徽省、内蒙古自治区、河南省为70%～80%；福建省、山东省、江苏省、辽宁省为60%～70%；广西壮族自治区为59.38%。

整体来看，各地区承包耕地流转费用存在较大差异，流转费用普遍较高，村民对耕地流转费用的满意程度普遍较低，提高甘肃省农民对流转价格满意度的需求最为迫切。

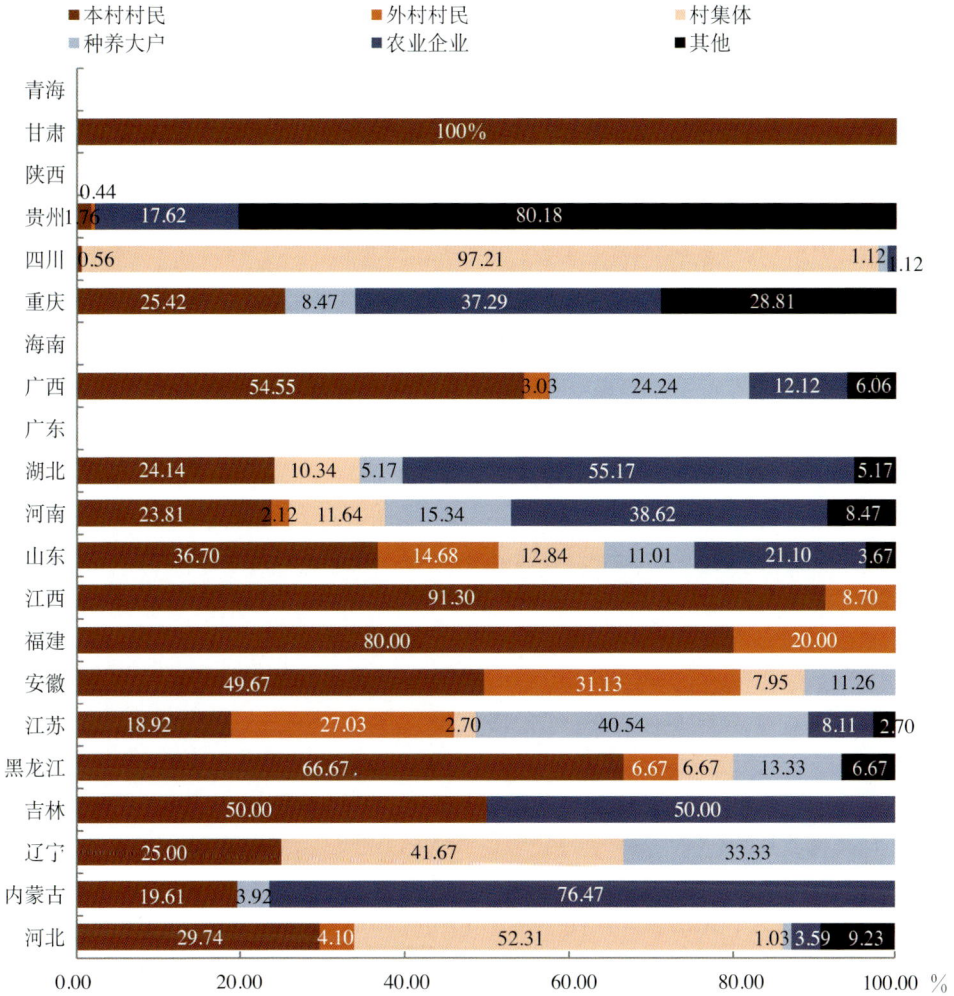

图3.1.18　各地区村民家庭承包耕地流转对象的构成比例

② 存在问题

部分地区承包耕地流转平均费用过高，可能存在土地流转价格制定不科学、土地流转流程不规范问题；除中部地区部分省份外，其余地区承包耕地流转价格的平均满意率普遍较低，耕地流转机制不完善，土地供求双方的信息流动受阻。

表3.1.15　各地区承包耕地流转费用及其构成比例

省级行政区	转让/转租平均费用 [元/(年·亩)]	0元 (%)	1~300元 (%)	301~500元 (%)	501~800元 (%)	801~1 000元 (%)	1 001~1 500元 (%)	1 501~2 000元 (%)	2 000元以上 (%)
河北	1 104	1.56	10.94	9.38	8.33	15.10	48.44	3.13	3.13
内蒙古	280	0.00	88.24	11.76	0.00	0.00	0.00	0.00	0.00

（续）

省级行政区	转让/转租平均费用[元/(年·亩)]	0元(%)	1～300元(%)	301～500元(%)	501～800元(%)	801～1 000元(%)	1 001～1 500元(%)	1 501～2 000元(%)	2 000元以上(%)
辽宁	595	0.00	54.55	0.00	0.00	45.45	0.00	0.00	0.00
吉林	400	50.00	0.00	0.00	50.00	0.00	0.00	0.00	0.00
黑龙江	356	10.81	18.92	62.16	8.11	0.00	0.00	0.00	0.00
江苏	664	11.11	8.33	11.11	27.78	33.33	8.33	0.00	0.00
安徽	822	2.88	3.60	11.51	73.38	1.44	2.16	2.16	2.88
福建	1 340	20.00	20.00	0.00	0.00	0.00	20.00	0.00	40.00
江西	323	4.35	47.83	30.43	17.39	0.00	0.00	0.00	0.00
山东	899	4.67	11.21	19.63	19.63	35.51	6.54	0.93	1.87
河南	911	3.23	14.52	5.38	19.35	7.53	44.09	4.84	1.08
湖北	419	5.66	69.81	0.00	16.98	1.89	0.00	1.89	3.77
广东									
广西	573	3.03	6.06	0.00	87.88	3.03	0.00	0.00	0.00
海南									
重庆	712	1.89	1.89	11.32	75.47	7.55	1.89	0.00	0.00
四川	2 231	0.00	0.58	0.00	0.00	0.00	0.00	1.16	98.26
贵州	800	0.00	0.00	0.00	100.00	0.00	0.00	0.00	0.00
陕西									
甘肃	0	100.00	0.00	0.00	0.00	0.00	0.00	0.00	0.00
青海									

图3.1.19　各地区承包耕地平均流转费用

42

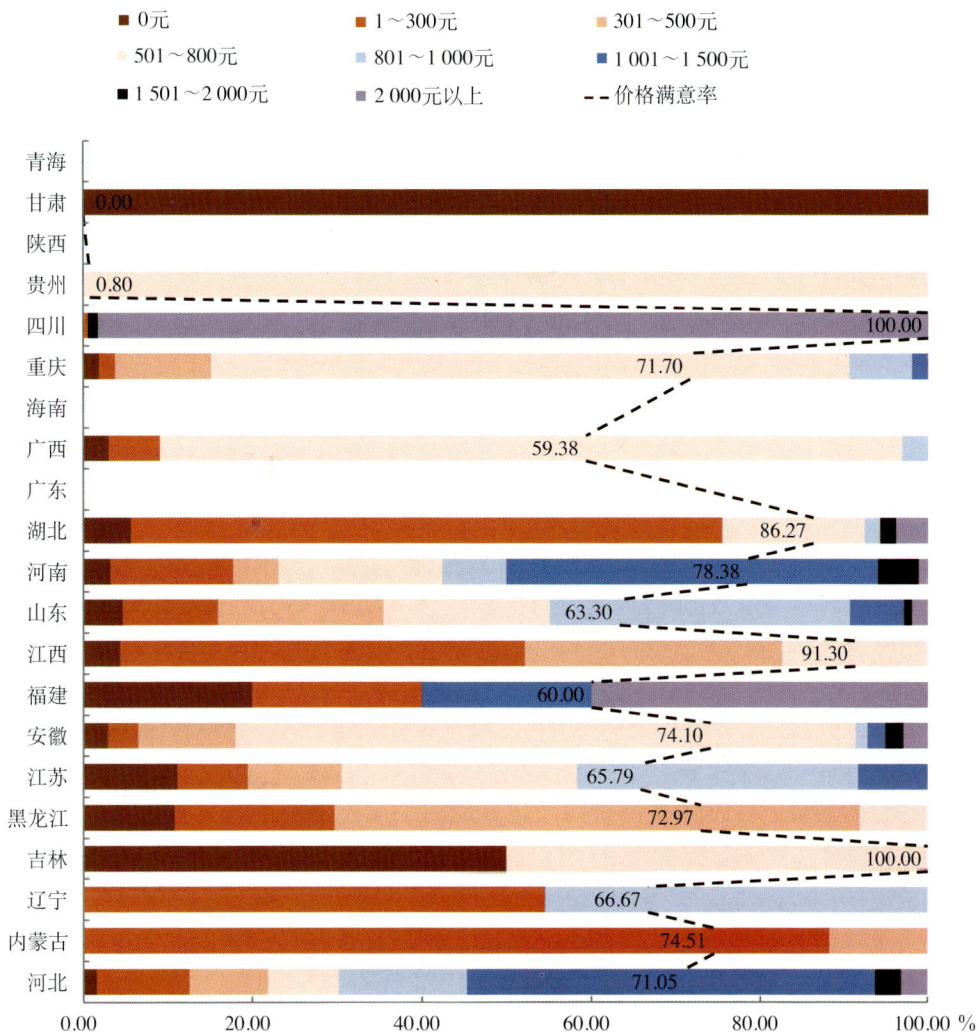

图例：
- 0元
- 1～300元
- 301～500元
- 501～800元
- 801～1 000元
- 1 001～1 500元
- 1 501～2 000元
- 2 000以上
- ----- 价格满意率

图3.1.20 各地区承包耕地流转费用构成比例及其价格满意率

表3.1.16 各地区承包耕地流转价格满意率

省级行政区	价格满意率（%）	省级行政区	价格满意率（%）
河北	71.05	安徽	74.10
内蒙古	74.51	福建	60.00
辽宁	66.67	江西	91.30
吉林	100.00	山东	63.30
黑龙江	72.97	河南	78.38
江苏	65.79	湖北	86.27

（续）

省级行政区	价格满意率（%）	省级行政区	价格满意率（%）
广东		贵州	0.80
广西	59.38	陕西	
海南		甘肃	0.00
重庆	71.70	青海	
四川	100.00		

3. 林地承包情况

（1）村民承包林地比率较低

①基本现状

图3.1.21反映了各地区受访村民承包林地的占比情况。各地区受访村民中承包了林地的平均占比仅为18.5%，占全国比例23.8%的地区村民承包林地的占比超过全国平均水平。各地区受访村民承包林地的比例不同：吉林省占比最高，贵州省为58.22%，重庆市为48.33%，湖北省、甘肃省分别为34.99%、32.73%，青海省、广东省、广西壮族自治区、河南省为10%～14%，河北省、内蒙古自治区、山东省、安徽省为5%～10%，黑龙江省、四川省、海南省、江苏省、江西省、福建省为0～5%，辽宁省为0。

整体来看，各地区受访村民承包林地的平均比例较小，约占全国57.1%的地区村民承包林地的比率低于10%。

②存在问题

各地区承包林地的比率较低，林业生产投入不足，对林业发展不够重视，

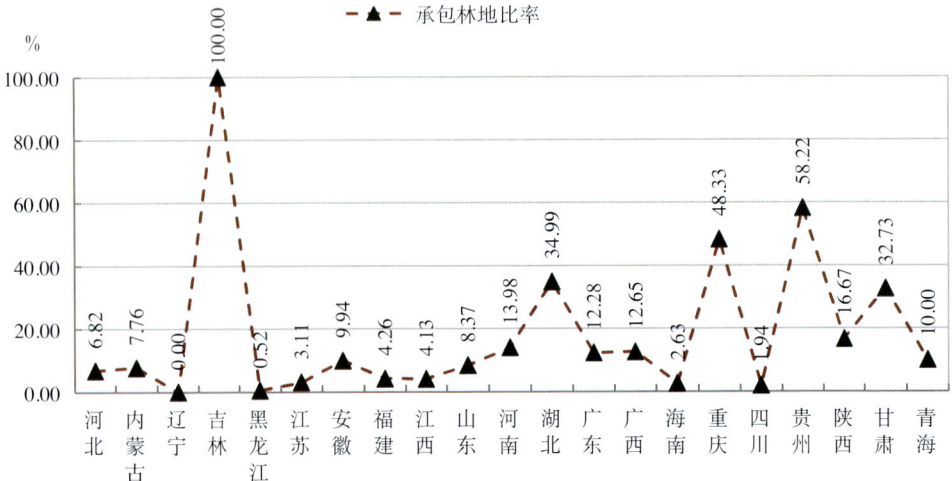

图3.1.21　各地区承包林地比率

尚未形成集聚效应。

(2) 村民承包林地面积普遍较小

①基本现状

表3.1.17和图3.1.22反映了各地区受访村民承包林地面积及其构成比例的情况。各地区受访村民承包林地的平均面积为21.6亩，占全国19%的地区村民承包林地的面积超过全国平均水平，以西部和北部地区较大。各地区村民承包林地平均面积不同：其中青海省最多，平均承包面积达151.5亩；四川省为77.18亩；福建省、安徽省分别为24.50亩、20.32亩；河南省、广西壮族自治区、湖北省、内蒙古自治区、黑龙江省为10～20亩；河北省、山东省、重庆市、广东省为5～10亩；海南省、江苏省、贵州省、甘肃省、江西省为1～5亩；辽宁省为0。

②存在问题

各地区村民承包林地面积存在较大差异，整体来看村民承包林地平均面积普遍较小，大部分地区没有形成规模集聚效应。

表3.1.17 各地区村民承包林地面积及其构成比例

省级行政区	承包林地平均面积（亩）	0～2亩（0<L≤2）（%）	2～4亩（2<L≤4）（%）	4～10亩（4<L≤10）（%）	10～20亩（10<L≤20）（%）	20～100亩（20<L≤100）（%）
河北	5.05	45.31	32.81	17.19	3.13	1.56
内蒙古	16.46	11.11	22.22	11.11	22.22	33.33
辽宁	0.00					
吉林	50.50	50.00	0.00	0.00	0.00	50.00
黑龙江	18.00	0.00	0.00	33.33	33.33	33.33
江苏	2.83	66.67	16.67	16.67	0.00	0.00
安徽	20.32	36.17	21.28	25.53	14.89	2.13
福建	24.50	0.00	0.00	50.00	0.00	50.00
江西	4.60	40.00	20.00	40.00	0.00	0.00
山东	6.26	51.65	25.27	19.78	0.00	3.30
河南	10.53	48.89	11.11	20.00	11.11	8.89
湖北	14.59	21.62	12.16	18.24	27.70	20.27
广东	9.81	71.74	26.09	2.17	0.00	0.00
广西	13.85	21.88	18.75	21.88	25.00	12.50
海南	1.67	100.00	0.00	0.00	0.00	0.00
重庆	7.16	66.96	17.39	12.17	1.74	1.74
四川	77.18	0.00	100.00	0.00	0.00	0.00
贵州	3.56	56.50	21.47	15.82	5.08	1.13

（续）

省级行政区	承包林地平均面积（亩）	0～2亩（0<L≤2）（%）	2～4亩（2<L≤4）（%）	4～10亩（4<L≤10）（%）	10～20亩（10<L≤20）（%）	20～100亩（20<L≤100）（%）
陕西	12.00	0.00	0.00	0.00	100.00	0.00
甘肃	3.94	44.44	22.22	27.78	5.56	0.00
青海	151.50	0.00	100.00	0.00	0.00	0.00

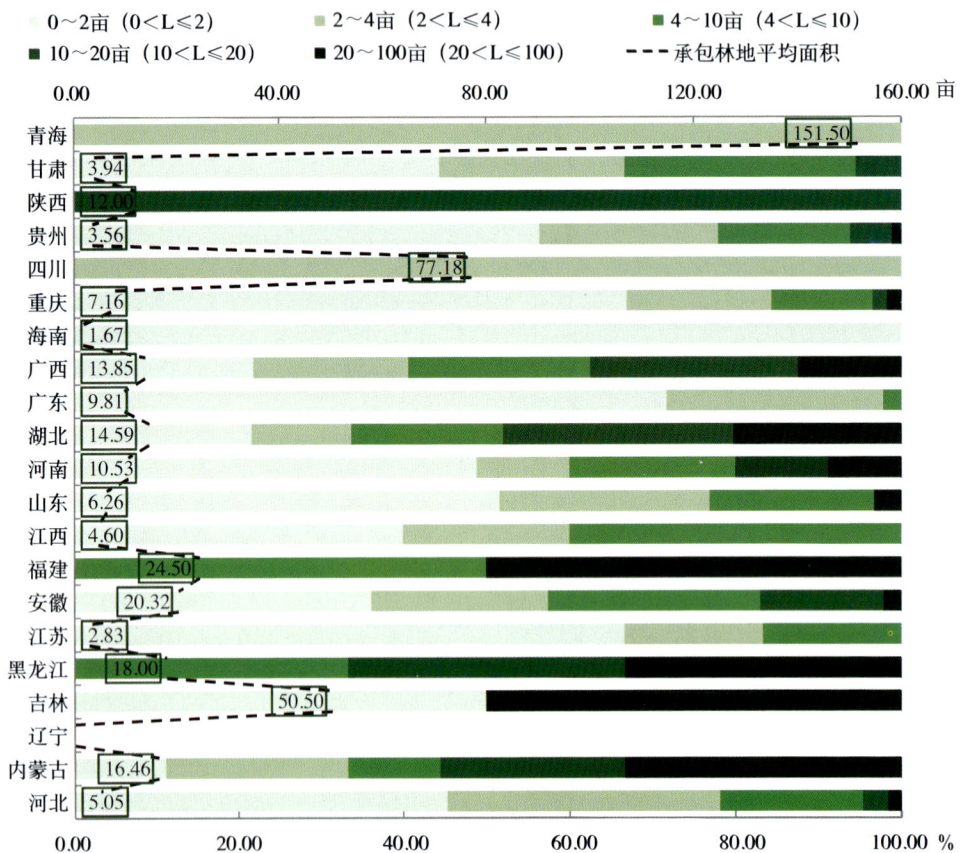

图3.1.22　各地区村民承包林地平均面积及其构成比例

（3）部分地区村民承包林地地块数多且分散

①基本现状

表3.1.18和图3.1.23反映了各地区受访村民承包林地地块数及其构成比例的情况。各地区受访村民承包林地的平均地块数为1.92块，小于村民承包耕地的平均地块数；占全国42.8%的地区承包林地的面积超过全国平均水平；村民以承包1～2块林地为主，该比例达57.1%；中部地区村民承包林

地平均地块数较多。各地区村民承包林地平均地块数不同：其中，安徽省最多，为3.87块；海南省、湖北省在3块以上；广西壮族自治区、重庆市、甘肃省、山东省、黑龙江省为2.5～2.8块；广东省、贵州省、内蒙古自治区、四川省、河南省、河北省、江苏省为1.4～1.9块；江西省、福建省、青海省均为1块。

整体来看，各地区村民承包林地地块数存在较大差异，大部分地区村民承包林地地块数少于2块，林地地块的细碎化程度相对优于耕地地块。

②存在问题

部分地区村民承包林地地块多且分散，不利于规模化管理，林地生产、市场经营管理匮乏。

表3.1.18　各地区村民承包林地地块数及其构成比例

省级行政区	承包林地平均地块数（块）	1～5块（%）	6～10块（%）	11～20块（%）	20块以上（%）
河北	1.70	98.36	1.64	0.00	0.00
内蒙古	1.42	100.00	0.00	0.00	0.00
辽宁	0.00				
吉林	2.00	100.00	0.00	0.00	0.00
黑龙江	2.80	80.00	20.00	0.00	0.00
江苏	1.83	100.00	0.00	0.00	0.00
安徽	3.87	80.43	13.04	6.52	0.00
福建	1.00	100.00	0.00	0.00	0.00
江西	1.00	100.00	0.00	0.00	0.00
山东	2.78	89.53	9.30	1.16	0.00
河南	1.55	96.63	3.37	0.00	0.00
湖北	3.01	91.84	6.80	0.68	0.68
广东	1.40	100.00	0.00	0.00	0.00
广西	2.58	90.32	9.68	0.00	0.00
海南	3.25	75.00	25.00	0.00	0.00
重庆	2.64	87.50	10.58	1.92	0.00
四川	1.50	100.00	0.00	0.00	0.00
贵州	1.42	96.92	3.08	0.00	0.00
陕西	1.00	100.00	0.00	0.00	0.00
甘肃	2.65	94.12	0.00	5.88	0.00
青海	1.00	100.00	0.00	0.00	0.00

图例：
- 1~5块
- 6~10块
- 11~20块
- 20块以上
- 承包林地平均块数

青海 1.00
甘肃 2.65
陕西 1.00
贵州 1.42
四川 1.50
重庆 2.64
海南 3.25
广西 2.58
广东 1.40
湖北 3.01
河南 1.55
山东 2.78
江西 1.00
福建 1.00
安徽 3.87
江苏 1.83
黑龙江 2.80
吉林 2.00
辽宁
内蒙古 1.42
河北 1.70

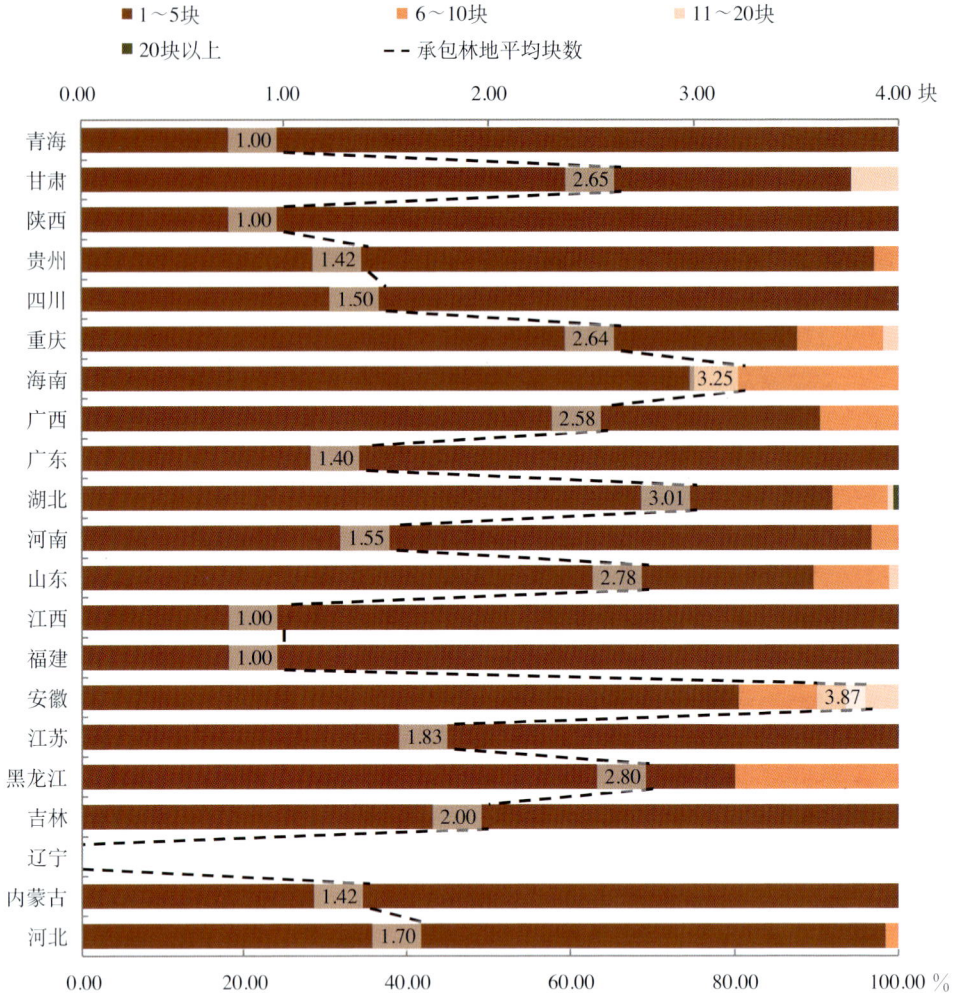

图3.1.23　各地区村民承包林地平均地块数及其构成比例

（4）村民承包林地的主要用途为林木业和林果业

①基本现状

表3.1.19和图3.1.24反映了各地区受访村民承包林地的主要用途及其构成占比的情况。各地区村民承包林地用于林木业的平均占比为60.8%，承包林地用于林果业的平均占比为25.58%，承包林地用于其他行业的平均占比为8.6%，村庄的林地以用于林木业和林果业为主。发展林木业的平均占比以吉林省、贵州省为最高，发展林果业的平均占比以广东省、陕西省和青海省为最高。

各地区村民承包林地用于林木业用途的比例不同：贵州省、福建省达100%，内蒙古自治区、甘肃省分别为96.00%、94.74%，江西省、湖北省、重庆市为80%～90%，安徽省、黑龙江省、河南省为70%～80%，山东省、江苏省、四川省、广西壮族自治区为50%～70%，河北省为26.92%，海南省为25.00%，青海省、辽宁省均为0。

各地区村民承包林地用于林果业用途的比例不同：青海省达100%，广东省为98.04%，河北省为66.67%，山东省为38.14%，海南省、安徽省分别为25.00%、21.43%，重庆市、黑龙江省、广西壮族自治区、河南省、江苏省、江西省为10%～20%，湖北省为8.18%，其余省和自治区均为0。

各地区村民承包林地用于其他用途的比例不同：海南省达到50.00%，四川省为37.50%，江苏省为25.00%，广西壮族自治区为16.67%，黑龙江省为11.11%，河南省、甘肃省、湖北省、河北省、山东省为5%～10%，重庆市、广东省、安徽省、内蒙古自治区为1%～4%，其余省份为0。

表3.1.19　各地区村民承包林地的主要用途

省级行政区	林木业（%）	林果业（%）	其他用途（%）
河北	26.92	66.67	6.41
内蒙古	96.00	0.00	4.00
辽宁	0.00	0.00	0.00
吉林	100.00	0.00	0.00
黑龙江	77.78	11.11	11.11
江苏	58.33	16.67	25.00
安徽	76.19	21.43	2.38
福建	100.00	0.00	0.00
江西	83.33	16.67	0.00
山东	53.61	38.14	8.25
河南	79.75	15.19	5.06
湖北	86.36	8.18	5.45
广东	0.00	98.04	1.96
广西	69.05	14.29	16.67
海南	25.00	25.00	50.00
重庆	87.83	10.43	1.74
四川	62.50	0.00	37.50
贵州	100.00	0.00	0.00
陕西	0.00	100.00	0.00
甘肃	94.74	0.00	5.26
青海	0.00	100.00	0.00

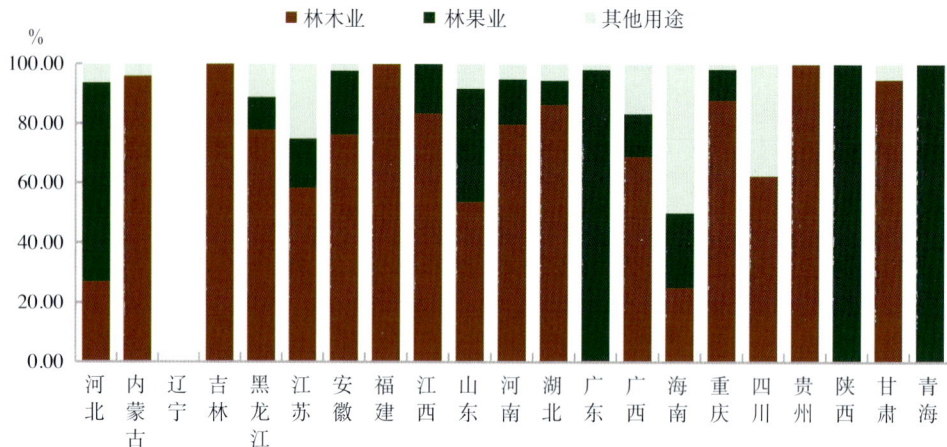

图3.1.24　各地区村庄承包林地用途的构成比例

②存在问题

村庄林地的用途以传统林地和林果业为主，用途单一，林业产品附加值低。

4.草地承包情况

（1）村民承包草地比率较小

①基本现状

图3.1.25反映了各地区受访村民承包草地的占比情况。各地区受访村民承包草地的平均比例为0.9%，超过平均比例的地区占全国比例的23.8%，未承包草地的区域占全国比例的33.3%。各地区调研对象中承包草地的比例不同：甘肃省最大，达到7.27%；广西壮族自治区为4.35%，重庆市、山东省、四川省为1.0%～1.5%；江苏省、河北省、江西省、内蒙古自治区为0.5%～0.9%；黑龙江省、安徽省、湖北省、广东省、贵州省为0.1%～0.4%。

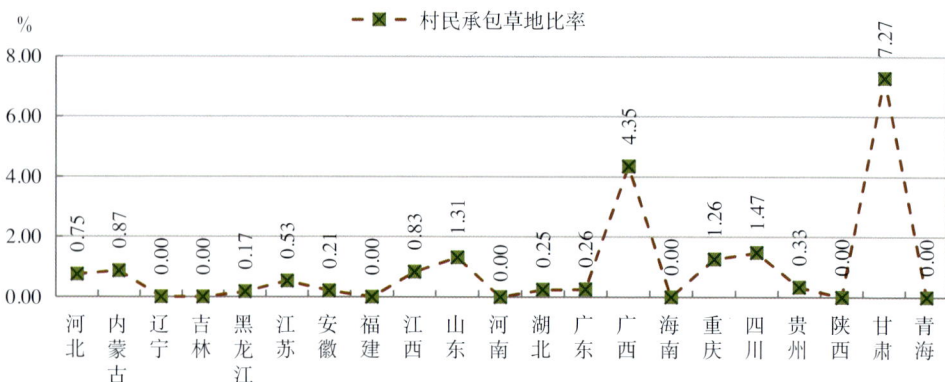

图3.1.25　各地区村民承包草地比率

②存在问题

村民承包草地的比率较小，对草地的发展重视程度低。

（2）承包草地面积普遍较小

①基本现状

表3.1.20和图3.1.26反映了各地区受访村民承包草地面积及其构成占比的情况。各地区受访村民承包草地的平均面积为4.6亩，占全国比例28.6%的地区承包草地面积超过全国平均水平，承包草地面积少于2亩的地区占61.9%。各地区受访村民承包草地平均面积不同：山东省最大，平均承包草地面积达到27.07亩；其次为内蒙古自治区，平均承包草地面积为23亩；甘肃省、黑龙江省分别为8.93亩、8.00亩；湖北省为7.00亩；贵州省、四川省、江苏省、安徽省、广东省、河北省、广西壮族自治区为1.0～5.0亩；重庆市为0.87亩；江西省为0.50亩；其余省份均为0。

②存在问题

大部分地区承包草地平均面积较小，没有形成规模集聚效应。

表3.1.20 各地区村民承包草地面积及其构成比例

省级行政区	承包草地平均面积（亩）	0～2亩（0<L≤2）（%）	2～4亩（2<L≤4）（%）	4～10亩（4<L≤10）（%）	10～20亩（10<L≤20）（%）	20～100亩（20<L≤100）（%）
河北	3.21	57.14	14.29	28.57	0.00	0.00
内蒙古	23.00	0.00	0.00	0.00	50.00	50.00
辽宁	0.00					
吉林	0.00					
黑龙江	8.00	0.00	0.00	100.00	0.00	0.00
江苏	1.50	100.00	0.00	0.00	0.00	0.00
安徽	2.00	100.00	0.00	0.00	0.00	0.00
福建	0.00					
江西	0.50	100.00	0.00	0.00	0.00	0.00
山东	27.07	7.69	38.46	46.15	7.69	0.00
河南	0.00					
湖北	7.00	0.00	0.00	100.00	0.00	0.00
广东	3.00	0.00	100.00	0.00	0.00	0.00
广西	4.73	9.09	27.27	63.64	0.00	0.00
海南	0.00					
重庆	0.87	100.00	0.00	0.00	0.00	0.00
四川	1.33	100.00	0.00	0.00	0.00	0.00

(续)

省级行政区	承包草地平均面积（亩）	0~2亩（0<L≤2）(%)	2~4亩（2<L≤4）(%)	4~10亩（4<L≤10）(%)	10~20亩（10<L≤20）(%)	20~100亩（20<L≤100）(%)
贵州	1.00	100.00	0.00	0.00	0.00	0.00
陕西	0.00					
甘肃	8.93	25.00	0.00	50.00	25.00	0.00
青海	0.00					

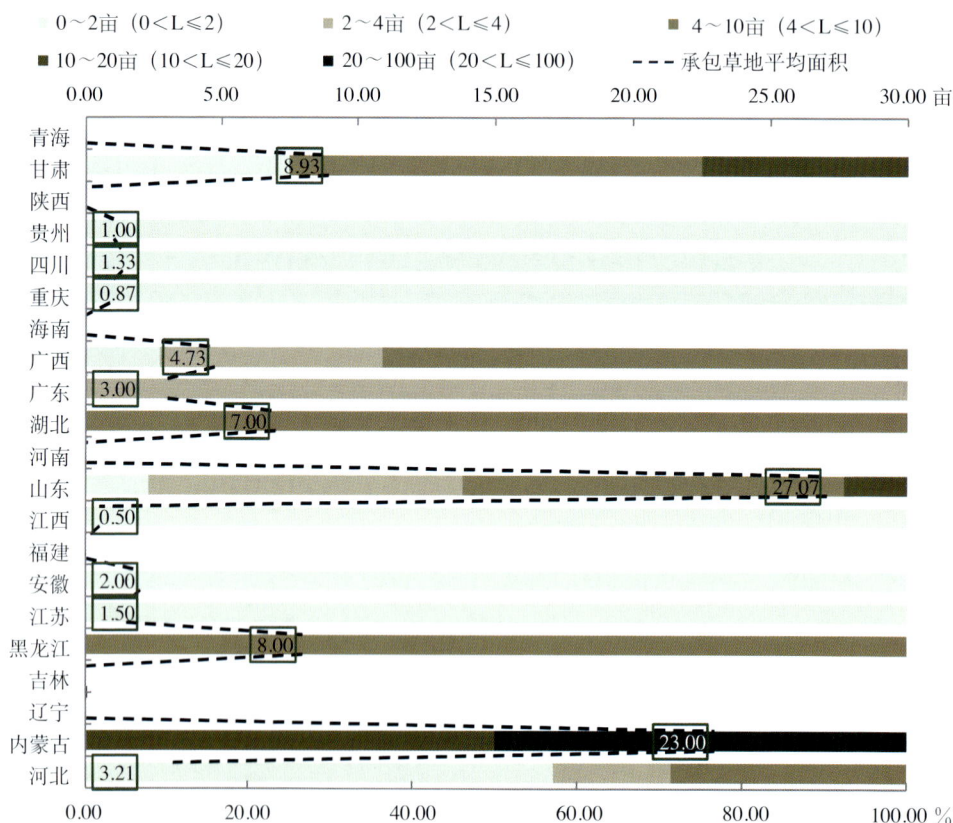

图3.1.26　各地区村民承包草地平均面积及其构成比例

（3）村民承包草地地块数多且分散

①基本现状

表3.1.21和图3.1.27反映了各地区受访村民承包草地地块数及其构成比例的情况。各地区受访村民承包林地的平均地块数为1.61块，这个数字和村民承包林地的平均地块数相近，有42.9%的地区承包草地面积超过全国平均水平，村民们以承包1~2块草地为主，总体比例达61.9%。各地区村民承包草地的平均

地块数不同：其中，甘肃省最多，达8块；广西壮族自治区次之，为5.09块；内蒙古自治区、黑龙江省均为3.00块；安徽省、河北省、山东省、湖北省、四川省为2.0～2.7块；江西省、重庆市、江苏省为1.00块；其余省份均为0。

②存在问题

部分地区村民承包的草地，不仅地块多且分散，这既不利于规模化管理，也说明各地区对草地发展的重视不够。

表3.1.21　各地区村民承包草地地块数及其构成比例

省级行政区	承包草地平均块数（块）	1～5块（%）	6～10块（%）	11～20块（%）
河北	2.22	88.89	11.11	0.00
内蒙古	3.00	100.00	0.00	0.00
辽宁	0.00			
吉林	0.00			
黑龙江	3.00	100.00	0.00	0.00
江苏	1.00	100.00	0.00	0.00
安徽	2.00	100.00	0.00	0.00
福建	0.00			
江西	1.00	100.00	0.00	0.00
山东	2.43	100.00	0.00	0.00
河南	0.00			
湖北	2.50	100.00	0.00	0.00
广东	0.00			
广西	5.09	63.64	36.36	0.00
海南	0.00			
重庆	1.00	100.00	0.00	0.00
四川	2.67	100.00	0.00	0.00
贵州	0.00			
陕西	0.00			
甘肃	8.00	25.00	50.00	25.00
青海	0.00			

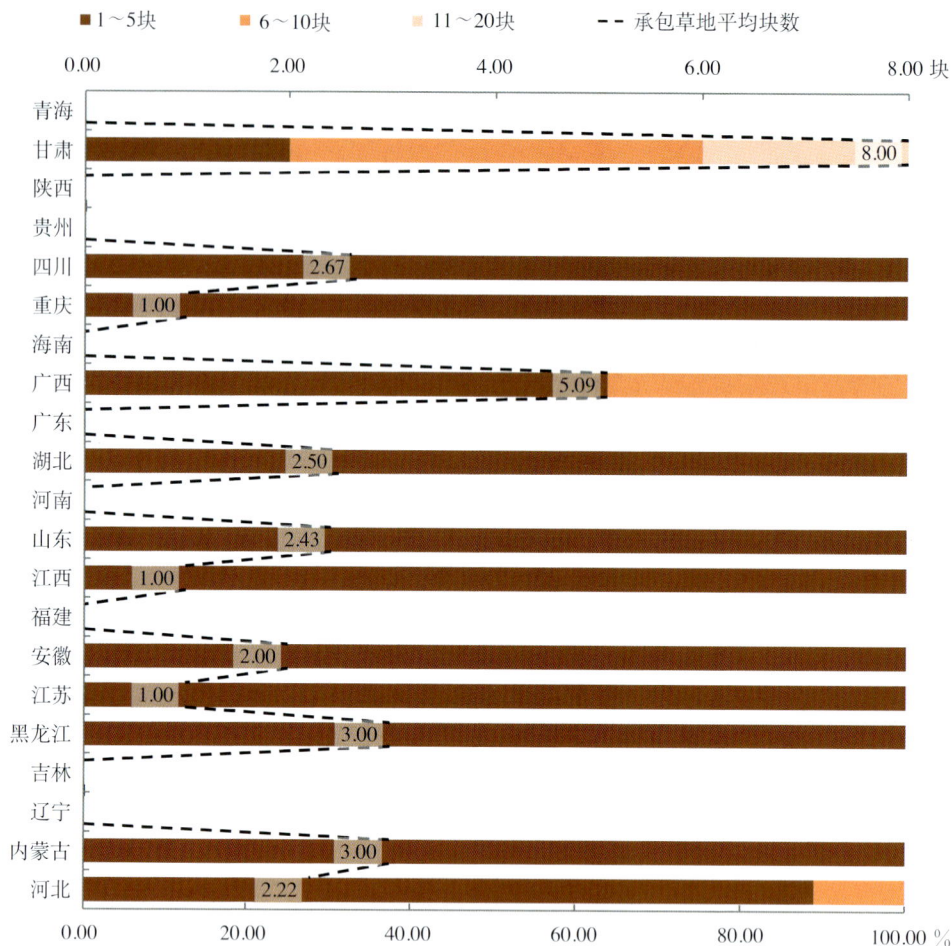

图3.1.27　各地区村民承包草地平均地块数及其构成比例

（三）村民对土地相关政策的认知

1. 村民对宅基地政策认知不足

①基本现状

图3.1.28反映了各地区受访村民对"一户一宅"制度的认知情况，图3.1.29反映了各地受访村民对宅基地申请、审批程序的认知情况。各地区受访村民了解"一户一宅"制度的平均比例为56.8%，了解宅基地申请、审批程序的平均比例为42.9%。村民对宅基地"一户一宅"制度以及宅基地申请、审批程序的认知度，西部、北部地区普遍偏低，平均在55%左右，其中辽宁省、陕西省较低。各地区村民对"一户一宅"制度的认知比例不同：贵州省达91.72%；海南省为81.58%；江西省为77.69%；内蒙古自治区、四川省分别为65.37%、

60.19%；山东省、重庆市、江苏省、安徽省、青海省、广东省、甘肃省为50%~60%；河北省、黑龙江省、河南省、湖北省、福建省为40%~50%；广西壮族自治区和辽宁省较低，分别为35.86%、31.48%。

②存在问题

西部、北部地区村民对宅基地"一户一宅"制度以及宅基地申请、审批程序认知不足，宅基地政策宣传力度欠缺。

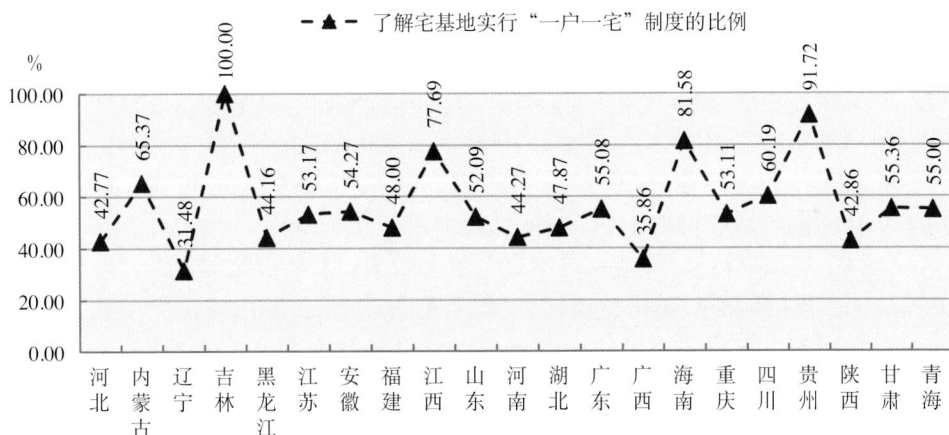

图3.1.28 各地区村民对"一户一宅"制度认知情况

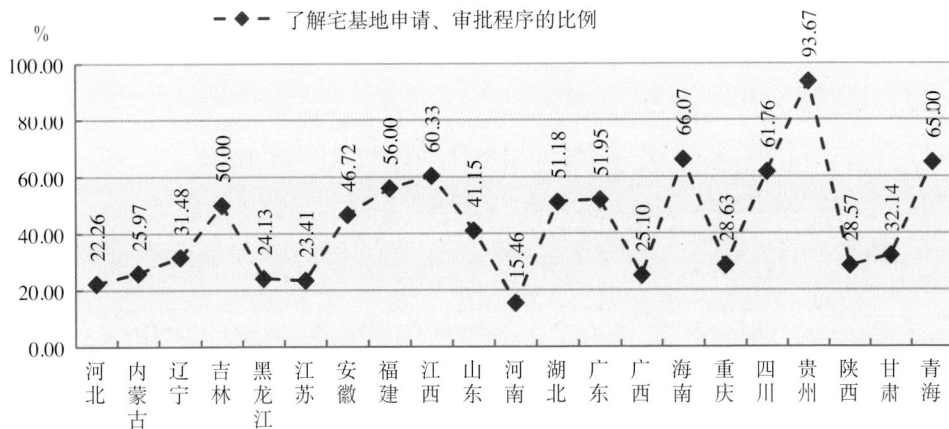

图3.1.29 各地区村民对宅基地申请、审批程序认知情况

2. 村民对土地相关政策认知度较高

①基本现状

表3.1.22反映了各地区受访村民对农村土地相关政策的了解情况。图3.1.30、图3.1.31和图3.1.32分别反映了各地区受访村民对"基本农田保护"政策、"土地整治""高标准基本农田建设"政策、"新农村建设"政策的了解情况。村民

中了解"基本农田保护"政策的平均占比达61.2%，了解"土地整治""高标准基本农田建设"政策的平均占比达48.7%，了解"新农村建设"政策占比达78.8。

各地区听说过"基本农田保护"政策的调研对象比例不同：贵州省最高，达90.10%；海南为84.07%；江苏省、福建省、青海省、黑龙江省、江西省、内蒙古自治区为60%～71%；广东省、辽宁省、甘肃省、重庆市、山东省、四川省、安徽省为50%～60%；河南省、湖北省分别为49.84%、48.82%；广西壮族自治区、河北省较低，分别为38.96%、32.09%。

各地区听说过"土地整治""高标准基本农田建设"政策的调研对象比例不同：贵州省、海南省为70%以上；福建省、黑龙江省、四川省、青海省为60%左右；湖北省、江苏省、安徽省、山东省、江西省、广东省为40%～50%；广西壮族自治区、内蒙古自治区、辽宁省、重庆市为30%～40%；甘肃省为29.09%；河南省为19.30%；河北省最低，为14.70%。

比起土地相关政策，"新农村建设"政策的认知度比例明显较高，各地区听说过该项政策的调研对象的比例均在50%以上：其中，四川省、贵州省为95%以上，福建省、内蒙古自治区、安徽省、江西省、海南省、青海省、湖北省、甘肃省为80%～90%；山东省、江苏省、黑龙江省为70%～80%；河北省、辽宁省、河南省、重庆市为60%～70%；广西壮族自治区、广东省偏低，分别为59.60%、54.22%。

②存在问题

西北、西南部分地区村民对农村土地相关政策认知水平低，这不利于土地政策健康有序发展。

表3.1.22　各地区村民对农村及土地相关政策的了解情况

省级行政区	听说过"基本农田保护"政策的比例（%）	听说过"土地整治""高标准基本农田建设"政策的比例（%）	听说过"新农村建设"政策的比例（%）
河北	32.09	14.70	63.68
内蒙古	70.61	35.81	81.74
辽宁	50.94	37.74	64.15
吉林	100.00	100.00	100.00
黑龙江	67.03	60.57	79.34
江苏	62.07	42.44	73.17
安徽	59.80	44.71	83.03
福建	63.27	59.18	80.00
江西	69.17	47.93	84.75
山东	56.90	47.15	72.77
河南	49.84	19.30	67.46

（续）

省级行政区	听说过"基本农田保护"政策的比例（%）	听说过"土地整治""高标准基本农田建设"政策的比例（%）	听说过"新农村建设"政策的比例（%）
湖北	48.82	40.66	85.58
广东	50.51	48.31	54.22
广西	38.96	30.00	59.60
海南	84.07	73.87	84.82
重庆	56.30	39.08	68.33
四川	59.71	60.68	97.54
贵州	90.10	73.97	95.19
陕西	57.14	57.14	85.71
甘肃	52.73	29.09	89.29
青海	65.00	61.11	85.00

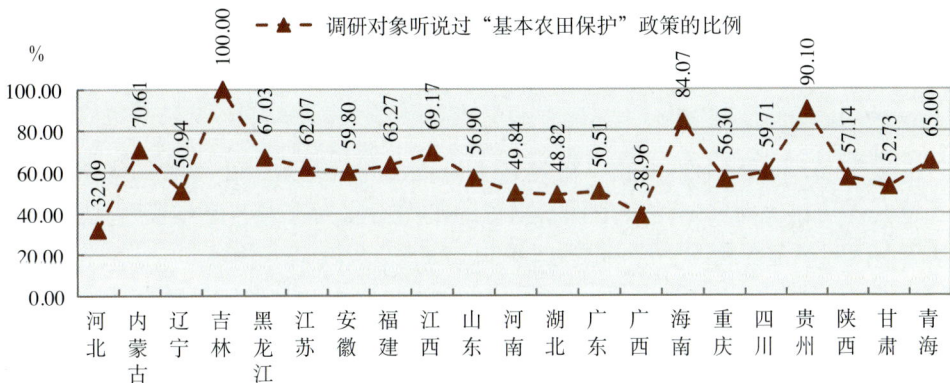

图3.1.30　各地区村民对"基本农田保护"政策的认知情况

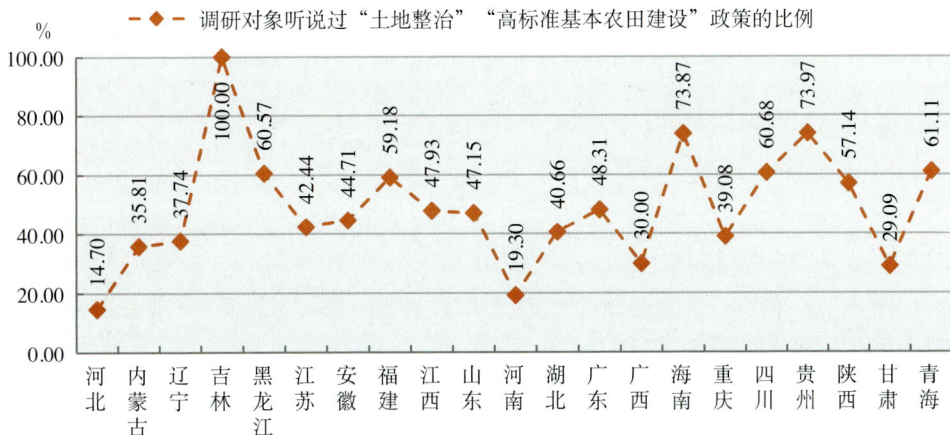

图3.1.31　各地区村民对"土地整治""高标准基本农田建设"政策的认知情况

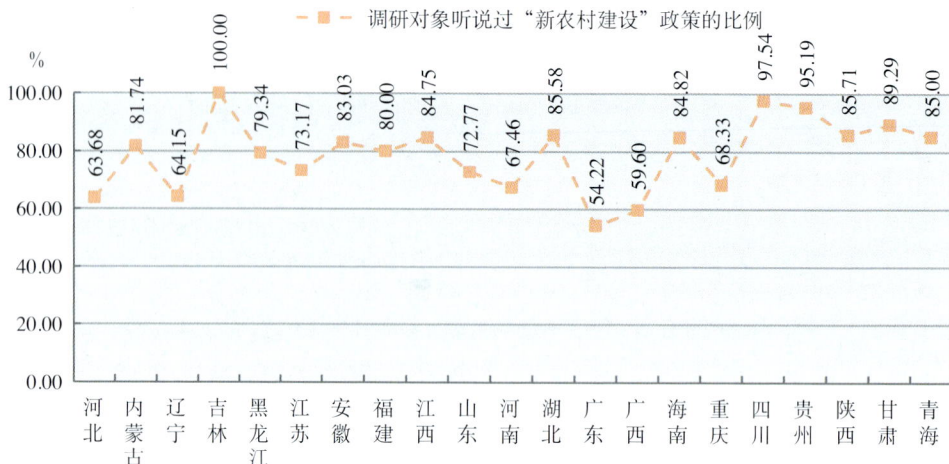

图3.1.32　各地区村民对"新农村建设"政策的认知情况

（四）村民对宅基地政策的响应

1. 宅基地管理现状满意程度低

①基本现状

表3.1.23和图3.1.33反映了各地区受访村民对宅基地管理现状的满意情况。各地区受访村民对宅基地管理现状满意的平均占比为36%，基本满意的平均占比为54.4%，不满意的平均占比为9.6%。

对于"满意，管理规范、程序公开透明"这一选项，各地区村民的选择比例不同：贵州省为50.96%，山东省、黑龙江省、甘肃省、内蒙古自治区为40%～50%，河北省、青海省、辽宁省、安徽省、福建省、广东省为30%～40%，重庆市、江西省、湖北省、海南省、广西壮族自治区为20%～30%，江苏省为14.08%，四川省为10.68%，河南省为9.75%。

对于"基本满意，管理应进一步规范、程序应进一步公开透明"这一选项，各地区的选择比例不同：四川省达89.32%，重庆市、河南省分别为70.95%、70.91%，广东省、江西省、广西壮族自治区、海南省、江苏省、湖北省的比例为60%～70%，安徽省、山东省、黑龙江省、福建省、河北省、辽宁省为50%～60%，甘肃省、贵州省分别为48.21%、47.77%，内蒙古自治区为33.77%，青海省为25.00%。

对于"不满意，管理混乱、程序不公开透明"这一选项，各地区的选择比例不同：青海省最高，为40.00%；内蒙古自治区、江苏省、河南省的比例为18%～20%；河北省、安徽省、江西省为12%～15%；甘肃省、辽宁省、福建省、湖北省、广西壮族自治区、重庆市、海南省、山东省为5%～10%；贵州省、广东省、黑龙江省为1%～3%；四川省为0。

整体来看，村民对宅基地管理现状基本满意的平均占比较高，为54.45%。吉林省村民对宅基地管理现状表示满意的占比最高，为100%；青海省村民对宅基地管理现状表示不满意的占比最高，达40%。

②存在问题

西部、中部地区村民对宅基地管理现状满意程度较低，宅基地管理混乱，程序不公开、不透明的问题较为严重。

表3.1.23　各地区村民对宅基地管理现状的满意情况

省级行政区	满意，管理规范、程序公开透明（%）	基本满意，管理应进一步规范、程序应进一步公开透明（%）	不满意，管理混乱、程序不公开透明（%）
河北	31.49	56.38	12.13
内蒙古	48.05	33.77	18.18
辽宁	35.19	59.26	5.56
吉林	100.00	0.00	0.00
黑龙江	41.71	55.45	2.84
江苏	14.08	67.48	18.45
安徽	36.38	50.10	13.52
福建	38.00	56.00	6.00
江西	22.31	62.81	14.88
山东	40.44	50.51	9.04
河南	9.75	70.91	19.34
湖北	25.53	67.61	6.86
广东	38.03	60.11	1.86
广西	27.49	64.14	8.37
海南	26.32	64.91	8.77
重庆	20.33	70.95	8.71
四川	10.68	89.32	0.00
贵州	50.96	47.77	1.27
陕西	57.14	42.86	0.00
甘肃	46.43	48.21	5.36
青海	35.00	25.00	40.00

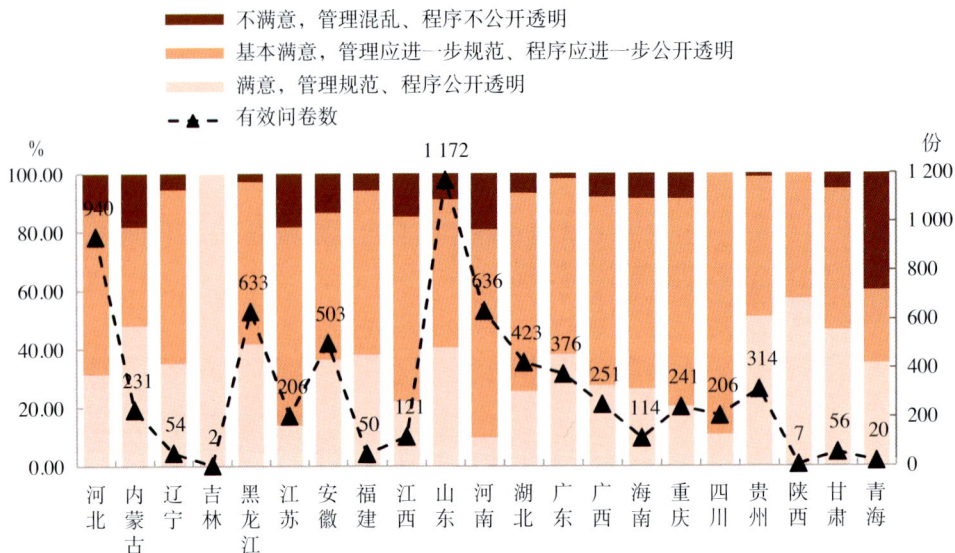

图3.1.33　各地区村民对宅基地管理现状意见有效问卷数量及不同处理意见的构成比例

2. 村民对"一户多宅"制度认知不够，同意拆除的村民占比低

① 基本现状

图3.1.34反映了各地区受访村民认为村中宅基地"一户多宅"应该拆除的占比情况。各地区受访村民认为额基地"一户多宅"应该拆除的平均占比为49%。中部地区受访村民普遍认为宅基地"一户多宅"应该拆除，其中贵州省占比最高，平均在87.26%左右；西部、北部地区村民认为宅基地"一户多宅"应该拆除的比例偏小，其中吉林省最少。各地区受访村民认为"一户多宅"应该拆除的比例不同：江西省为72.50%；内蒙古自治区为67.26%；河南省、甘肃

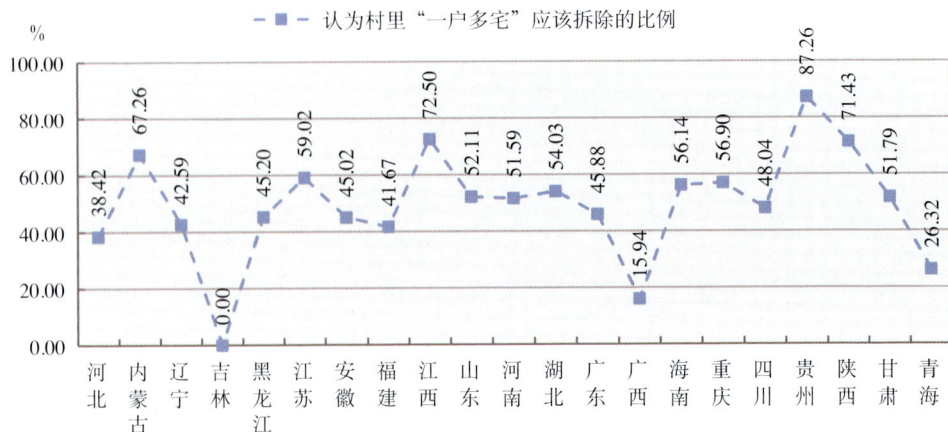

图3.1.34　各地区村民认为"一户多宅"应该拆除的意见比例

省、山东省、湖北省、海南省、重庆市、江苏省为50%～60%；福建省、辽宁省、安徽省、黑龙江省、广东省、四川省为40%～50%；河北省为38.42%；青海省为26.32%；广西壮族自治区最低，仅为15.94%。

②存在问题

西部、北部地区村民对宅基地"一户一宅"制度认知不足，各地区宅基地政策宣传力度不够。

3. 村民对"空心房"处理政策认知不够，普遍认为应放置不管

①基本现状

表3.1.24和图3.1.35反映了各地区受访村民对村中空心房处理意见的情况。各地区村民对"空心房"处理的意见差异较大，不同处置措施均有相当比例的赞同者。认为应放置不管的村民平均占比为19%，认为应卖给他人的村民平均占比为9.1%，认为应租给他人的村民平均占比为20.6%，认为应村里回收的村民平均占比为17.9%，认为应拆除他用的村民平均占比为23.8%。

对于"放置不管"这一选项，各地区村民的选择比例不同：河南省达53.79%，河北省、甘肃省为40%以上，青海省、山东省、内蒙古自治区、广西壮族自治区为30%～40%，黑龙江省、江苏省、安徽省、福建省、湖北省、辽宁省、重庆市为20%～30%，贵州省、广东省、四川省为13%～16%，江西省为7.44%，海南省仅为0.88%。

对于"卖给他人"这一选项，各地区村民的选择比例不同：辽宁省、广东省为20%以上，安徽省为19.12%，重庆市、江西省、湖北省、江苏省、黑龙江省为11%～16%，青海省、河南省、河北省、海南省、四川省、甘肃省、山东省、内蒙古自治区为5%～10%，贵州省为4.73%，福建省为4.00%，广西壮族自治区为2.38%。

对于"租给他人"这一选项，各地区村民的选择比例不同：青海省达60.00%，四川省、海南省为50%以上，广东省为35.71%，安徽省、广西壮族自治区、贵州省、黑龙江省、辽宁省为20%～30%，山东省、湖北省、甘肃省、河北省为12%～16%，江苏省、重庆市、福建省、江西省为5%～10%，河南省、内蒙古自治区分别为2.68%、2.16%。

对于"村里回收"这一选项，各地区村民的选择比例不同：福建省为36.00%，河南省、黑龙江省、山东省、河北省、江苏省为25%～30%，内蒙古自治区、江西省、四川省、重庆市为20%～25%，广西壮族自治区、甘肃省、安徽省、海南省、广东省、湖北省为10%～20%，青海省为5.00%，贵州省为4.05%，辽宁省为1.89%。

对于"拆除他用"这一选项，各地区村民的选择比例不同：贵州省为53.72%，江西省为47.11%，江苏省、内蒙古自治区分别为31.55%、31.17%，

广西壮族自治区、福建省、重庆市、湖北省的比例为25%～30%，海南省、安徽省、辽宁省、甘肃省、山东省的比例为20%～22%，河北省、黑龙江省、广东省、河南省为9%～14%，四川省为3.92%，青海省为0。

整体上看，选择放置不管的村民占比最高，平均占比为28.99%，吉林省的村民全部选择将空心房放置不管；选择卖给他人的村民最少，平均占比为9.1%，辽宁省选择卖给他人的村民占比最高，为20.75%。

②存在问题

各地区村民对"空心房"处理措施的意见不统一。村民们政策认识不到位，对基本国情、新农村建设的目标要求、农村住房建设管理办法等认知不够；各地区对农村住房建设相关政策的宣传力度欠缺，土地管理不够规范。

表3.1.24 各地区村民对"空心房"处理意见的占比情况

省级行政区	认为村里"空心房"（没人住的废弃房屋）如何处理				
	放置不管（%）	卖给他人（%）	租给他人（%）	村里回收（%）	拆除他用（%）
河北	40.96	5.67	15.51	27.91	9.95
内蒙古	35.50	9.09	2.16	22.08	31.17
辽宁	28.30	20.75	28.30	1.89	20.75
吉林	100.00	0.00	0.00	0.00	0.00
黑龙江	21.29	15.14	26.66	26.66	10.25
江苏	21.36	13.59	5.34	28.16	31.55
安徽	22.71	19.12	22.11	15.34	20.72
福建	24.00	4.00	8.00	36.00	28.00
江西	7.44	12.40	9.92	23.14	47.11
山东	30.04	8.94	12.34	27.06	21.62
河南	53.79	5.05	2.68	25.39	13.09
湖北	26.27	13.01	13.01	18.55	29.16
广东	13.52	20.41	35.71	18.37	11.99
广西	38.10	2.38	23.02	10.71	25.79
海南	0.88	6.19	54.87	17.70	20.35
重庆	29.17	11.67	5.83	24.58	28.75
四川	15.20	6.86	50.00	24.02	3.92
贵州	13.18	4.73	24.32	4.05	53.72
陕西	14.29	0.00	14.29	14.29	57.14
甘肃	42.86	7.14	14.29	14.29	21.43
青海	30.00	5.00	60.00	5.00	0.00

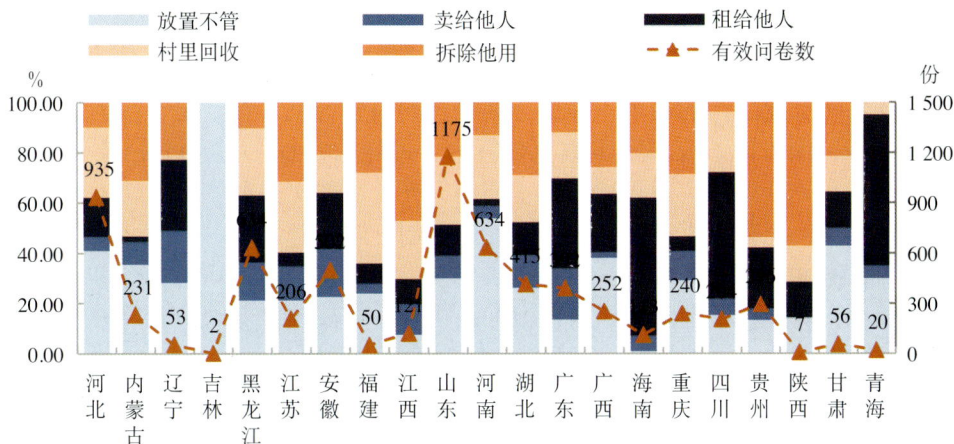

图3.1.35　各地区村民对"空心房"处理意见的有效问卷数量及不同处理意见的构成比例

（五）村庄土地利用建议

1.科学规划村庄建设，保障农村基础设施建设和完善公共服务设施建设

政府应科学规划村庄建设，结合新农村建设目标积极筹资，加大基础设施建设资金的投入力度，优化农村居住条件。

在基础设施建设方面，积极推进村庄主要道路规划建设，完善道路养护设备，健全村庄道路养护措施，提高村庄道路硬化技术水平，改善村庄的道路条件，加强村庄对内和对外的联系，完善给水、排水等基础设施配套，方便村民出行，满足农民基本生活需求。重点加快推进西部、北部地区的道路建设，加强西部地区村庄的主要道路建设，提高西部地区村庄道路硬化资金支持力度，增加中部、西部地区公共交通的通行班次，提高中部、西部地区村庄与外界的交流便利程度，加强西部、北部地区的道路交通通达性，提高道路便利程度，降低农业生产成本，以提高农民农业生产意愿。

在公共服务设施建设方面，按照村庄规划编制技术规范和村庄等级，在村庄规划层面根据村民需求和村庄组团结构，合理布局公共休闲活动场所用地，建立休闲、娱乐、文化等复合功能型公共活动空间；统一规划配套服务设施，完善村庄公共设施体系，提升公共服务设施品质。垃圾收集点、卫生所、图书馆、文化室、活动广场等，在合适的距离内分散布置，方便村民使用。增加公众参与性强的文化设施，扩大村民公共活动空间，丰富农民生活。重点加强我国西部、北部村庄公共休闲活动场所的供给。

2.完善农村土地流转制度，尊重村民意愿，维护村民利益

积极健全土地流转管理体系，在各级农业部门成立有效的农村土地流转管

理服务中心，以改善土地资源配置效率，为农业规模化、集约化、高效化经营提供空间；加强政策引导，规范土地流转市场，加强农村土地综合整治，满足农民现代化农业生产的需求；加大土地流转的监管力度，在制定农村土地流转相关政策、制度时，应规范土地流转行为，遵守法定程序，通过征询、听证、公示等多种途径保证流转过程公开、透明，充分听取村民的意见、建议，积极同村民协商，充分尊重村民的选择和意愿，制定双方都满意的补偿制度，切实维护村民利益；完善土地流转价格形成机制，建立农用地评估机构，科学确定土地租金，并建立土地流转纠纷调解仲裁机构，提高农民参与土地流转的积极性及满意度。

强化耕地承包相关政策落实，建立农业风险保障机制，加大对农业基础设施建设的投入，鼓励农民进行耕地承包，提高农民扩大农业生产经营规模的意愿，提高耕地机械化水平，形成耕地规模化种植发展；积极引导龙头企业参与土地流转，形成规模集聚效应，加快农村产业结构的转变。特别要加强西部地区耕地流转的政策落实和招商力度；抓好各地产业结构调整，通过积极引入东部实力企业并以之为龙头，以生态特色食品产业为重点，推进"东部市场、西部产品"新模式，扩大耕地流转规模，提高效益，实现适度规模经营。西部地区形成与东部地区在产业上相互补链、市场上相互定制、要素上相互成全的特色经济区域。

3. 科学规划村庄土地，促进土地资源的集约化利用

根据村庄实际情况，因地制宜、科学合理进行村庄土地利用规划，坚持依法、科学划定基本农田，合理安排新农村建设用地，严格控制建设用地占用耕地，不仅要切实保护优质耕地，还要防止盲目圈占、违法批占土地的行为。土地利用规划是村庄经济社会发展规划、村镇建设规划、生态环境保护规划的基础，做好土地利用规划，可以提高土地节约和集约高效利用水平，进而提升土地利用效率。

针对林地资源，积极宣讲国家林业和草原局的林地承包政策，充分落实林地承包政策，加大对林业生产的投资力度，激发林农承包林地的积极性，保护林农利益，解决林业生产效率低下的问题；建立龙头企业＋林农的承包模式，扩大林地承包规模，促进林业产业发展；改善和调整林地的生产管理和市场经营管理，加强林业的市场管理，提升林地管理水平，促进林业产业发展。例如西部、北部地区村庄应以保护林业资源为前提，积极发展林下经济；东部地区应积极发展林果业等用途，增加林地用途种类，提升林地综合经济价值。

针对草地资源，提高地区政府对草地建设、草原畜牧业发展的重视，全面加快草原基础设施建设，促进草地畜牧业可持续发展。根据草地资源种类制定不同保护政策和开发策略，优化产业布局，推动龙头企业＋草农经营模式，形成

区域龙头集聚带动作用，完善并延伸产业链条，促进草地资源产业高质量、健康发展；出台和完善有利于草地资源产业发展的扶持政策。

4.加强农村建设用地管理和土地政策宣传力度

探索宅基地流转和退出机制，规范农村建设用地管理体系，并建立相应的惩戒制度。认真落实"一户一宅"政策，盘活农村现有建设用地；积极争取项目支持，落实优惠政策。有效开展宅基地管理制度创新，进行多重制度设计，以充分听取村民意见、尊重村民意愿、调动村集体经济组织自我管理的积极性；规范化管理宅基地，及时公开宅基地流转相关信息，以获得群众的支持。同时，加大"一户一宅""基本农田保护""新农村建设"等国家相关政策的宣传力度，充分利用微信、微博等新媒体宣传村庄宅基地政策，通过多种途径如村庄志愿者活动、村庄规划等进行宅基地政策知识传播活动；定期举办村庄宅基地政策知识培训班；制定乡镇土地政策宣传计划工作，形成考核机制；以此增加村民意识，使其自主地合理、合法利用土地，形成良好的村庄管理环境，促进农村和谐发展。特别要加强对西北、西南地区乡镇干部土地政策培训；通过各种会议、新媒体、志愿者活动等对村民进行土地政策宣传，提高村民土地政策认知度；加强对西部地区村民基本农田政策知识宣传，加大基本农田承包力度，促进基本农田规模种植和管理保护。

二、乡村产业发展调查概况

（一）未流转承包耕地地区的种养结构以第一产业粮食作物种植为主

①基本现状

表3.2.1和图3.2.1反映了各地区未流转承包耕地的受访村民的种养结构及其构成比例的情况。各地未流转耕地的受访村民种植稻、麦等粮食作物的平均占比为83%，种植油菜、蔬果等经济作物的平均占比为26.1%，种植桑树、果树等的平均占比为5.3%，种植花卉、苗木等的平均占比为3.7%，养殖水产的平均占比为0.9%。这些村民以第一产业种植养殖为主，大部分地区未流转承包耕地的农户，其种养结构以稻、麦等粮食作物为主，以油菜、蔬果等经济作物为辅，部分地区还种有桑树、果树等，四川省、江苏省、辽宁省等地区有相当比例的农户种植花卉苗木，福建省、海南省、辽宁省、甘肃省、江西省等地区有一定比例农户养殖水产。

主要种植稻、麦等粮食作物的村民占比平均达到83.1%，各地区种植稻、麦等粮食作物的比例不同：安徽省、重庆市、江苏省、黑龙江省、海南省、广西壮族自治区、河南省、广东省、江西省、内蒙古自治区为90%～100%，辽宁省、福建省、山东省、湖北省为80%～90%，贵州省、青海省、河北省、甘肃省为60%～80%，四川省为56.00%。

各地区种植油菜、蔬果等经济作物的比例不同：四川省达72%，青海省、贵州省、江苏省、重庆市为40%～50%，安徽省、湖北省、甘肃省、河北省、福建省为20%～32%，黑龙江省、河南省、山东省、广东省、辽宁省为10%～20%，江西省、广西壮族自治区、内蒙古自治区、海南省为2%～7%。

种植桑树、果树类产品的村民平均占比为5%，各地区种植桑树、果树等，的比例不同：辽宁省为21.95%，河北省为12.03%，广西壮族自治区、山东省、重庆市为6%～10%，湖北省、黑龙江省、海南省、安徽省、河南省、广东省、福建省、贵州省、江苏省、四川省为0～4%，江西省、内蒙古自治区、甘肃省、青海省均为0。

种植花卉、苗木等产品的村民平均占比为3.5%，各地区种植花卉、苗木等的比例不同：四川省、江苏省分别为24.00%、19.35%，黑龙江省、海南省、山东省、辽宁省为3%～8%，河南省、广西壮族自治区、广东省、重庆市、湖北省、安徽省为0～3%，江西省、内蒙古自治区、甘肃省、青海省、福建省、贵州省、河北省均为0。

养殖水产的村民占比普遍较少，各地区养殖水产的比例不同：福建省最高，为5.71%；海南省为3.54%；辽宁省为2.44%；黑龙江省、河南省、广东省、山东省、江苏省、江西省、甘肃省为0～2%，其余地区均为0。

②存在问题

未流转承包耕地多以种植传统稻、麦等粮食作物为主，种植经济类作物的村民占比较少，村民种植养殖的农产品附加值不高。

表3.2.1　各地区流转承包耕地的农户种植养殖构成比例

省级行政区	未流转问卷数	稻麦等粮食作物（%）	油菜蔬果等经济作物（%）	桑树、果树等（%）	花卉苗木等（%）	水产（%）
河北	640	74.22	27.34	12.03	0.00	0.00
内蒙古	155	99.35	2.58	0.00	0.00	0.00
辽宁	41	82.93	19.51	21.95	7.32	2.44
黑龙江	509	94.70	11.20	0.79	3.14	0.20
江苏	155	92.26	48.39	3.87	19.35	0.65
安徽	339	91.45	20.94	1.47	2.95	0.00
福建	35	85.71	31.43	2.86	0.00	5.71
江西	98	98.98	2.04	0.00	0.00	1.02
山东	547	88.48	16.82	9.14	4.94	0.37

（续）

省级行政区	未流转问卷数	稻麦等粮食作物（%）	油菜蔬果等经济作物（%）	桑树、果树等（%）	花卉苗木等（%）	水产（%）
河南	404	97.28	13.37	1.73	0.50	0.25
湖北	349	89.40	23.21	0.57	2.87	0.00
广东	342	97.37	17.25	2.34	1.46	0.29
广西	217	95.85	2.30	6.91	1.38	0.00
海南	113	95.58	6.19	0.88	3.54	3.54
重庆	171	91.81	49.12	9.36	1.75	0.00
四川	25	56.00	72.00	4.00	24.00	0.00
贵州	33	60.61	45.45	3.03	0.00	0.00
陕西	4	25.00	50.00	25.00	0.00	0.00
甘肃	55	78.18	23.64	0.00	0.00	1.82
青海	15	66.67	40.00	0.00	0.00	0.00

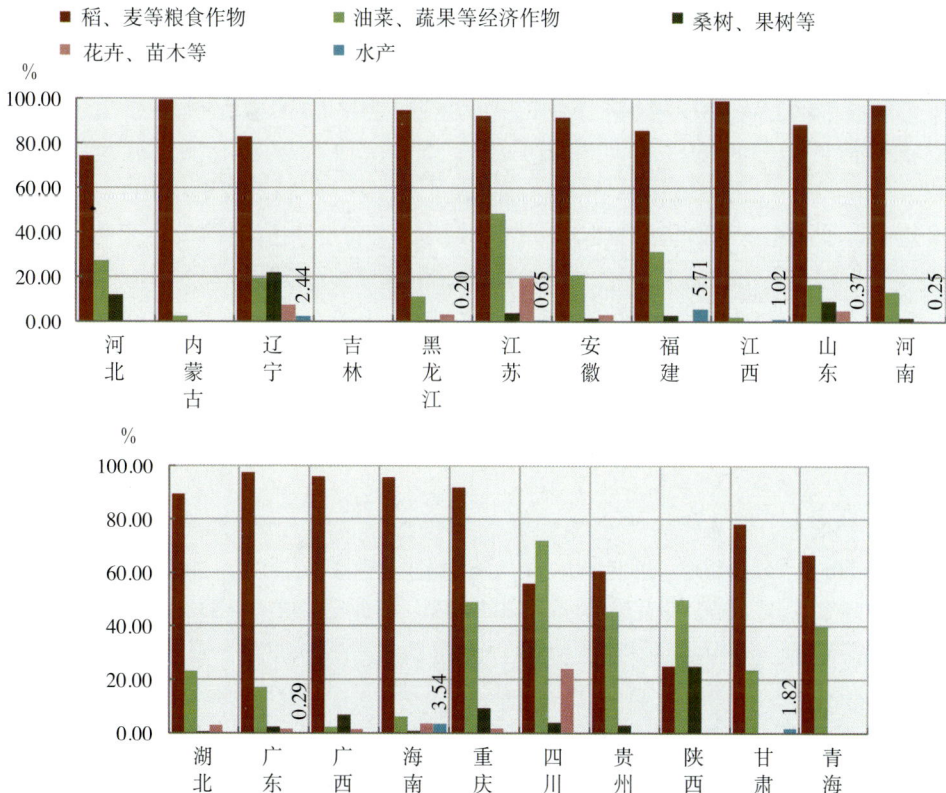

图3.2.1 各地区未流转承包耕地的农户种植养殖构成比例

（二）已流转承包耕地地区的种植养殖结构倾向于种植花卉、苗木

①基本现状

表3.2.2、表3.2.3、表3.2.4和图3.2.2反映了各地区流转承包耕地的受访村民流转耕地前后的种植养殖结构及构成比例的情况。承包耕地流转前，大部分地区的种植养殖结构是以稻、麦等粮食作物为主，油菜、蔬果等经济作物为辅；部分地区还种有桑树、果树等，种植花卉、苗木，养殖水产的农户比例很小。承包耕地流转后，种植养殖结构明显多样化，表现为稻、麦等粮食作物种植比例明显大幅降低，下降幅度为44.37%；油菜、蔬果等经济作物以及花卉、苗木等种植比例大幅上升，分别上升21.46%、20.3%；此外，桑树与果树、水产的种植养殖比例也有所上升，分别上升了8%、4.3%，各地种植养殖类型的变化差异显著。

在承包耕地流转之后，对于稻、麦等粮食作物，绝大多数地区的种植比例大幅下降：贵州省、广西壮族自治区、辽宁省、福建省的下降比例超过80%；湖北省下降73.68%；重庆市下降66.10%；内蒙古自治区、四川省、江苏省、河南省、山东省、河北省下降25%~50%；安徽省下降18.73%；江西省下降17.39%。甘肃省的种植比例没有变化。黑龙江省稻、麦等粮食作物的种植比例则呈现增长态势，增加8.17%。

对于油菜、蔬果等经济作物，绝大多数地区的种植比例明显上升：内蒙古自治区上升82.69%，四川省、辽宁省、广西壮族自治区、福建省增加45%~60%，山东省增加29.65%，河南省、重庆市、江西省增加10%~15%，贵州省、安徽省、湖北省增加3%~10%。甘肃省的种植比例没有变化。河北省、江苏省、黑龙江省的种植比例分别减少6.84%、7.47%、7.78%。

对于桑树、果树等，绝大多数地区种植比例呈现上升态势：江苏省、湖北省、贵州省上升了27.03%、26.32%、25.01%，山东省、广西壮族自治区、河南省、重庆市为10%~20%，安徽省、河北省、江西省为0~5%。甘肃省、辽宁省、福建省、内蒙古自治区没有变化。四川省减少0.58%，黑龙江省减少2.78%，

对于花卉、苗木等，大多数地区的种植比例明显上升：四川省、重庆市上升了53.76%、52.54%，河北省、贵州省分别上升了47.31%、45.34%，广西壮族自治区上升33.33%，福建省上升20.00%，湖北省上升10.53%，江苏省、山东省、安徽省、河南省为5%~10%，黑龙江省上升0.08%。甘肃省、辽宁省、内蒙古自治区、江西省没有变化。

对于水产，大多数地区种植比例呈现上升态势：湖北省上升29.82%，辽宁省、广西壮族自治区分别上升14.29%、13.33%，安徽省、山东省、河南省、江西省、河北省为0~10%。其余地区没有变化。

②存在问题

各地区农民种植养殖结构存在较大差异，地区农业产业的多元化发展力度不足。

表3.2.2　各地区耕地流转前种植养殖构成

省级行政区	耕地流转前主要种植养殖				
	稻、麦等粮食作物（%）	油菜、蔬果等经济作物（%）	桑树、果树等（%）	花卉、苗木等（%）	水产（%）
河北	84.38	17.71	4.17	0.52	0.00
内蒙古	98.08	3.85	0.00	0.00	0.00
辽宁	100.00	16.67	0.00	0.00	0.00
吉林	50.00	50.00	0.00	0.00	0.00
黑龙江	86.11	27.78	2.78	2.78	0.00
江苏	92.11	23.68	0.00	5.26	0.00
安徽	96.73	9.80	1.31	0.00	0.65
福建	100.00	0.00	20.00	0.00	0.00
江西	100.00	0.00	0.00	0.00	0.00
山东	89.19	9.91	6.31	0.00	0.90
河南	99.47	11.70	0.00	0.00	0.00
湖北	96.49	1.75	1.75	1.75	0.00
广东					
广西	100.00	24.24	27.27	0.00	0.00
海南					
重庆	100.00	23.73	13.56	0.00	0.00
四川	98.27	26.59	1.16	0.58	0.00
贵州	95.78	20.68	2.11	0.00	0.00
陕西					
甘肃	100.00	0.00	0.00	0.00	0.00
青海					

表3.2.3　各地区耕地流转后种植养殖构成

省级行政区	耕地流转后主要种植养殖				
	稻、麦等粮食作物 (%)	油菜、蔬果等经济作物 (%)	桑树、果树等 (%)	花卉、苗木等 (%)	水产 (%)
河北	38.04	10.87	7.61	47.83	9.24
内蒙古	73.08	86.54	0.00	0.00	0.00
辽宁	14.29	71.43	0.00	0.00	14.29
吉林	0.00	50.00	0.00	50.00	0.00
黑龙江	94.29	20.00	0.00	2.86	0.00
江苏	64.86	16.22	27.03	10.81	0.00
安徽	78.00	17.33	1.33	9.33	0.67
福建	20.00	60.00	20.00	20.00	0.00
江西	82.61	13.04	4.35	0.00	4.35
山东	47.25	39.56	16.48	7.69	1.10
河南	70.27	23.24	13.51	9.73	2.16
湖北	22.81	10.53	28.07	12.28	29.82
广东					
广西	13.33	80.00	40.00	33.33	13.33
海南					
重庆	33.90	35.59	30.51	52.54	0.00
四川	71.10	73.99	0.58	54.34	0.00
贵州	8.47	24.58	27.12	45.34	0.00
陕西					
甘肃	100.00	0.00	0.00	0.00	0.00
青海					

表3.2.4　各地区承包耕地流转前后种植养殖结构变化比例

省级行政区	承包耕地流转前后变化比例				
	稻、麦等粮食作物 (%)	油菜、蔬果等经济作物 (%)	桑树、果树等 (%)	花卉、苗木等 (%)	水产 (%)
河北	−46.33	−6.84	3.44	47.31	9.24
内蒙古	−25.00	82.69	0.00	0.00	0.00
辽宁	−85.71	54.76	0.00	0.00	14.29
吉林	−50.00	0.00	0.00	50.00	0.00

（续）

省级行政区	承包耕地流转前后变化比例				
	稻、麦等粮食作物（%）	油菜、蔬果等经济作物（%）	桑树、果树等（%）	花卉、苗木等（%）	水产（%）
黑龙江	8.17	−7.78	−2.78	0.08	0.00
江苏	−27.24	−7.47	27.03	5.55	0.00
安徽	−18.73	7.53	0.03	9.33	0.01
福建	−80.00	60.00	0.00	20.00	0.00
江西	−17.39	13.04	4.35	0.00	4.35
山东	−41.94	29.65	10.18	7.69	0.20
河南	−29.20	11.54	13.51	9.73	2.16
湖北	−73.68	8.77	26.32	10.53	29.82
广东					
广西	−86.67	55.76	12.73	33.33	13.33
海南					
重庆	−66.10	11.86	16.95	52.54	0.00
四川	−27.17	47.40	−0.58	53.76	0.00
贵州	−87.31	3.90	25.01	45.34	0.00
陕西					
甘肃	0.00	0.00	0.00	0.00	0.00
青海					

（三）村庄产业发展建议

由调查可知（表3.2.5，图3.2.3），村民们倾向于发展种植、养殖和观光旅游业的比例较高，各地平均占比分别为70.2%、28.2%和33.5%，据此提出逐步推广村庄第一产业标准化种植生产，积极引进龙头企业，形成龙头＋农户经营模式的农村产业发展建议；同时适当发展以农产品加工为主的第二产业，拓展以农业种植为基础，融合休闲农业、观光旅游业的第三产业，形成乡村一、二、三产业融合发展的产业格局。

1.规范土地流转政策，推进新型经营主体规模

进一步明确土地流转权属、方式、用途、价格、补贴和责任，采取"先交后补"方式缴纳土地出让金，将大部分出让金奖补给新型职业农民以发展乡村产业，建立好农村专业合作社，培育新型经营主体，吸引外出务工农民返乡，

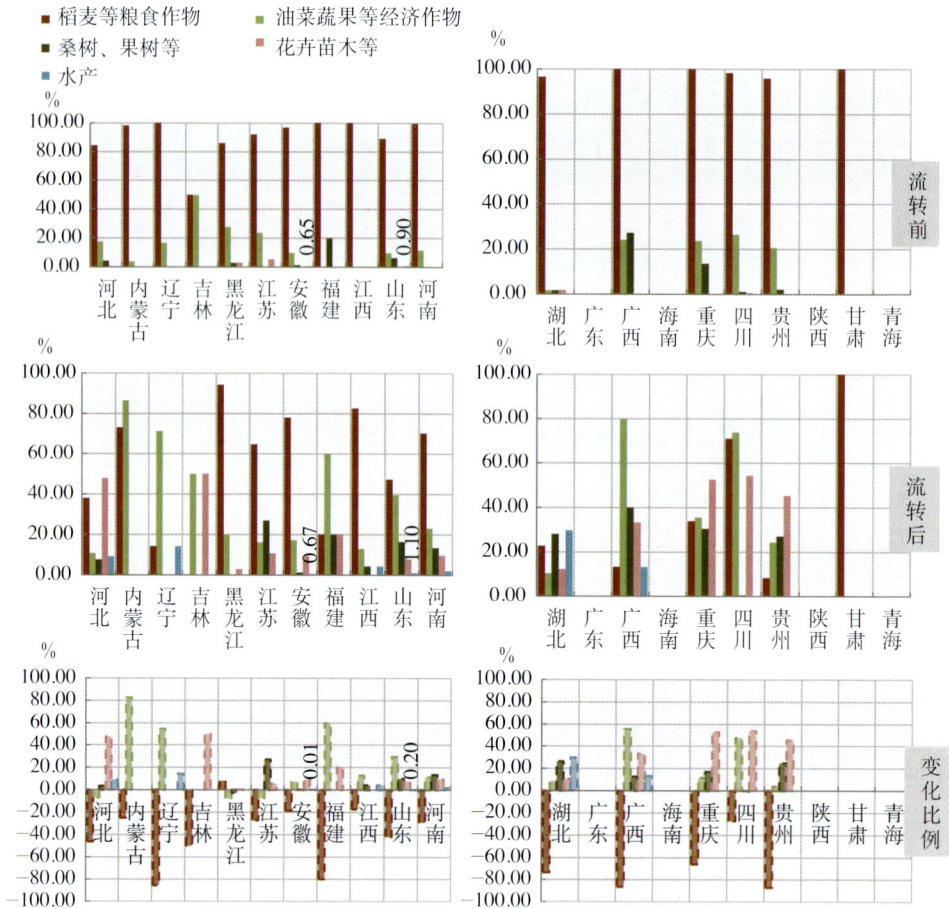

图3.2.2　各地区承包耕地流转前后种植养殖结构及变化

引进农产品龙头企业，推广企业+合作社+农户等多主体合作的种植模式，加大土地流转规模，形成规模化种植。

2.做好乡村产业发展规划，推进乡村一、二、三产业融合发展

做好乡村产业发展规划，规范和引导乡村产业发展，做到因地制宜，突出特色。加快推进农业"品种品质品牌"建设工程，以良种提品质，以品质树品牌。积极推进粮食作物标准化生产，拓展不同种类经济作物混合种养发展，促进产业融合；根据流转耕地的地理区位环境，制定多元化的种养结构，适当拓宽产业链条，引入农产品加工，提高农产品的附加价值。积极拓展、加工文旅的一、二、三产业融合，提高耕地流转后的经济价值，实现乡村专业转型升级。

3.强化乡村产业技术培训，提升农民农业生产技能

以乡村产业技术需求为导向，因时、因地、因人制宜实施新型职业农民培训，灵活安排培训项目，提高农业技术推广人员的素质，坚持产业技术培训和素质教育培训相结合，加大资金投入，邀请专家进行精准技术培训，完善教学设备。利用农闲时节以专题培训为主、综合培训为辅，进行丰富的培训活动，切实加强培训管理，提高培训质量，提升农民的农业专业技术。

表3.2.5　各地区村民对村里适合发展产业的意见情况

省级行政区	村民认为村里适合发展什么产业					
	种植（%）	养殖（%）	休闲农业（%）	观光旅游业（%）	工业（%）	其他（%）
河北	59.26	17.13	20.00	56.06	10.11	2.13
内蒙古	89.66	11.21	8.19	24.57	1.29	0.43
辽宁	67.92	49.06	37.74	39.62	0.00	1.89
吉林	100.00	0.00	0.00	50.00	0.00	0.00
黑龙江	78.86	50.79	12.93	5.52	29.18	0.32
江苏	72.33	38.35	22.82	15.53	9.71	1.94
安徽	72.65	31.94	31.34	47.90	5.39	0.40
福建	84.00	54.00	10.00	18.00	0.00	4.00
江西	78.51	32.23	18.18	19.83	4.13	1.65
山东	62.81	19.91	18.30	22.81	21.28	2.47
河南	51.66	18.07	12.84	43.42	7.61	1.58
湖北	62.65	22.70	30.97	54.61	9.93	1.42
广东	64.77	40.93	29.79	11.14	6.22	0.00
广西	91.24	30.68	14.34	12.35	1.59	0.40
海南	53.98	38.05	28.32	47.79	0.00	0.00
重庆	72.50	36.25	56.25	55.42	0.00	0.00
四川	18.45	0.97	71.84	94.17	0.49	0.00
贵州	82.11	10.86	47.60	55.91	0.32	0.32
陕西	57.14	42.86	0.00	0.00	0.00	14.29
甘肃	69.64	35.71	7.14	17.86	7.14	3.57
青海	85.00	10.00	0.00	10.00	0.00	0.00

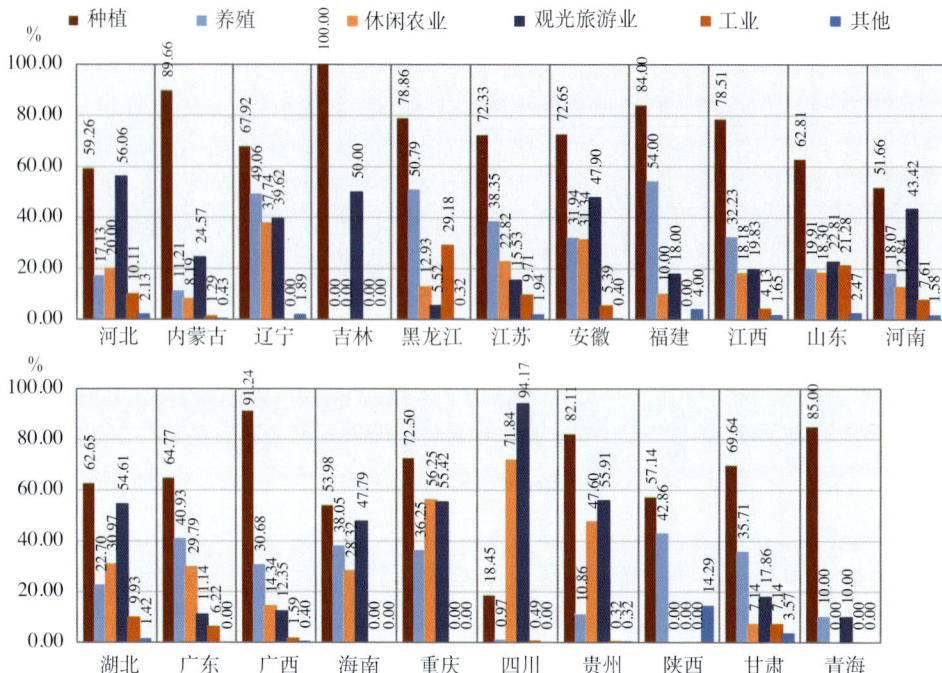

图3.2.3　各地区村民对村里适合发展产业的意见构成比例

三、乡村居民点调查概况

（一）宅基地"空心房"现象普遍存在，占地面积较大，农民翻新意愿强

1. 宅基地"空心房"现象普遍存在

①基本现状

表3.3.1、图3.3.1和图3.3.2反映了各地区受访村民家庭外出、留守、务农及其构成占比的情况。

从人数来看，各地区村民家庭平均外出务工经商人数约为1人，留在家中人数约为3人，家中务农人数约为2人。

对于户均外出务工人数，内蒙古自治区、青海省、四川省、河北省、贵州省、甘肃省为1人以下，湖北省、安徽省、江西省、重庆市为1.5人以上。

对于户均留在家中人数，各地区均为2人以上。广西壮族自治区、湖北省、河南省、福建省、河北省、青海省、广东省、海南省、江西省超过3人，甘肃省达4.04人。

从比例上看，村庄外出务工人数占比平均达到25.4%。其中内陆地区较高，如重庆市占比最高，达到41.34%；西部地区如陕西省、青海省占比较低。村庄留守务农人数平均占比为53.5%。村民务农人数平均比例为39.5%，其中四川省村民务农比例最低，为9.27%。

对于村民留在家中且务农的情况，四川省留在家中务农的人数最少，户均0.29人；福建省、甘肃省分别达户均2.06和2.13人；其余地区户均为1～2人。

从比例上看，湖北省、河南省、内蒙古自治区、安徽省、重庆市、广西壮族自治区的留守人口务农比例超过60%；海南省、甘肃省、黑龙江省、河北省、贵州省、辽宁省、江苏省、福建省为50%～60%；青海省、广东省、山东省、江西省为45%～50%；四川省留守人口务农比例最低，仅为12.2%。

从务农村民占全体村民的比例上看，四川省所占比例最低，为9.27%；江西省、山东省、广东省、辽宁省、重庆市、黑龙江省、青海省、海南省、安徽省、湖北省为30%～40%；江苏省、甘肃省、河南省、福建省、贵州省、河北省、广西壮族自治区、内蒙古自治区为40%～50%。

②存在问题

村庄宅基地的"空心房"现象普遍存在，大量宅基地被闲置，土地空心化、荒废化现象日益严重，乡村产业劳动力流失严重。农村人口老龄化程度逐渐加深，青壮年劳动力流失严重。

表3.3.1　各地区村民家庭外出、留守及务农情况

省级行政区	户均外出务工人数（人）	户均留在家中人数（人）	其中户均家中务农人数（人）	外出比例（%）	留守比例（%）	留守人口务农比例（%）	务农比例（%）
河北	0.84	3.52	1.93	19.17	80.83	54.78	44.28
内蒙古	0.60	2.17	1.33	21.79	78.21	61.52	48.12
辽宁	1.33	2.43	1.38	35.02	64.98	56.74	36.87
吉林	0.00	2.50	1.00	0.00	100.00	40.00	40.00
黑龙江	1.18	2.84	1.52	29.42	70.58	53.27	37.60
江苏	1.10	2.72	1.52	29.09	70.91	58.16	41.24
安徽	1.71	2.84	1.81	37.44	62.56	62.72	39.24
福建	1.20	3.42	2.06	25.97	74.03	59.06	43.72
江西	1.79	3.96	1.96	31.08	68.92	49.48	34.10
山东	1.04	2.86	1.40	26.32	73.68	48.25	35.55
河南	1.33	3.26	1.97	28.96	71.04	60.41	42.92
湖北	1.63	3.07	1.85	34.58	65.42	60.16	39.35

（续）

省级行政区	户均外出务工人数（人）	户均留在家中人数（人）		外出比例（%）	留守比例（%）		务农比例（%）
			其中户均家中务农人数（人）			留守人口务农比例（%）	
广东	1.19	3.79	1.79	23.95	76.05	47.03	35.77
广西	1.19	3.05	1.96	27.99	72.01	64.12	46.18
海南	1.18	3.88	1.96	23.40	76.60	50.45	38.65
重庆	1.87	2.64	1.67	41.34	58.66	63.13	37.03
四川	0.76	2.39	0.29	23.96	76.04	12.20	9.27
贵州	0.84	3.00	1.68	21.70	78.30	55.97	43.82
陕西	0.60	2.60	1.80	18.75	81.25	69.23	56.25
甘肃	0.84	4.04	2.13	17.22	82.78	51.77	42.86
青海	0.74	3.55	1.60	16.47	83.53	45.07	37.65

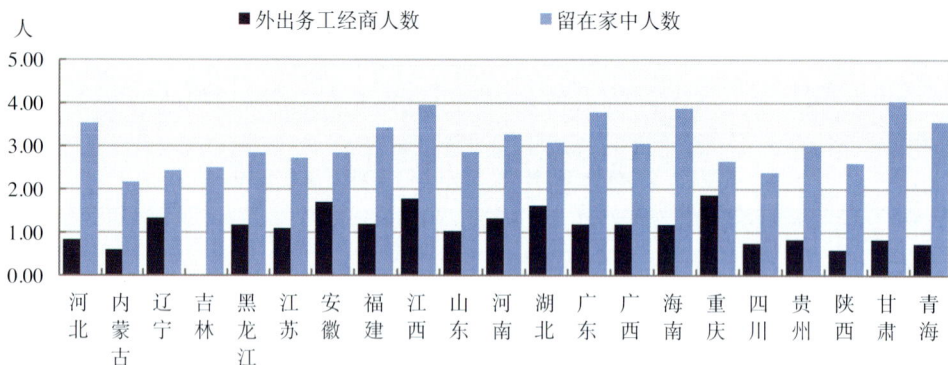

图3.3.1　各地区村民家庭平均外出人数与平均留守人数

图3.3.2　各地区村民家庭成员外出比例与留守比例

2. 宅基地各地区面积大小不一

①基本现状

表3.3.2和图3.3.3反映了各地区受访村民拥有宅基地面积及其构成的情况。各地区受访村民拥有宅基地的平均面积为209.6平方米，占全国比例47.6%的地区村民拥有宅基地的面积超过全国平均水平。各地区村民拥有的宅基地平均面积不同：内蒙古自治区最大，达到529.81平方米；青海省、甘肃省分别为376.89平方米、300.46平方米；辽宁省、河北省分别为267.75平方米、261.74平方米；黑龙江省、安徽省、江苏省、河南省、海南省、山东省为200～250平方米；湖北省、江西省、贵州省为150～190平方米；重庆市为139.30平方米；福建省、四川省分别为118.30平方米、111.43平方米；广西壮族自治区为82.98平方米；广东省为79.70平方米；陕西省最小，为58.33平方米。

②存在问题

各地区村民拥有宅基地面积差异显著，部分地区存在宅基地面积超标现象。

表3.3.2　各地区农村宅基地面积及其构成比例

省级行政区	宅基地平均面积（平方米）	0平方米（%）	1～50平方米（%）	51～100平方米（%）	101～150平方米（%）	151～200平方米（%）	201～300平方米（%）	300平方米以上（%）
河北	261.74	0.96	0.96	2.23	5.95	40.17	23.59	26.14
内蒙古	529.81	3.04	0.87	5.65	8.70	8.70	12.17	60.87
辽宁	267.75	0.00	0.00	5.45	9.09	14.55	50.91	20.00
吉林	209.00	0.00	0.00	50.00	0.00	0.00	0.00	50.00
黑龙江	205.49	0.16	4.90	21.48	20.38	9.00	18.48	25.59
江苏	234.96	1.27	0.63	11.39	12.66	29.11	30.38	14.56
安徽	206.33	8.47	2.66	22.52	13.08	15.74	24.46	13.08
福建	118.30	0.00	8.16	42.86	28.57	16.33	4.08	0.00
江西	165.17	0.83	0.00	5.79	52.07	22.31	13.22	5.79
山东	240.21	1.32	0.99	6.29	10.67	34.08	31.51	15.14
河南	236.36	0.31	1.24	8.20	9.13	17.18	48.14	15.79
湖北	151.75	0.95	0.95	21.96	43.91	22.67	5.25	4.30
广东	79.70	12.60	15.75	49.08	19.42	2.62	0.26	0.26
广西	82.98	5.16	7.94	72.22	9.52	3.57	1.59	0.00
海南	238.40	0.00	0.00	9.65	17.54	27.19	25.44	20.18
重庆	139.30	2.16	3.03	28.57	39.83	15.58	8.23	2.60

（续）

省级行政区	宅基地平均面积（平方米）	0平方米（%）	1～50平方米（%）	51～100平方米（%）	101～150平方米（%）	151～200平方米（%）	201～300平方米（%）	300平方米以上（%）
四川	111.43	1.94	1.94	71.36	18.93	0.49	0.97	4.37
贵州	187.28	0.00	1.62	7.12	34.63	28.80	22.65	5.18
陕西	58.33	50.00	0.00	16.67	33.33	0.00	0.00	0.00
甘肃	300.46	0.00	0.00	3.70	3.70	16.67	42.59	33.33
青海	376.89	0.00	0.00	0.00	5.26	15.79	31.58	47.37

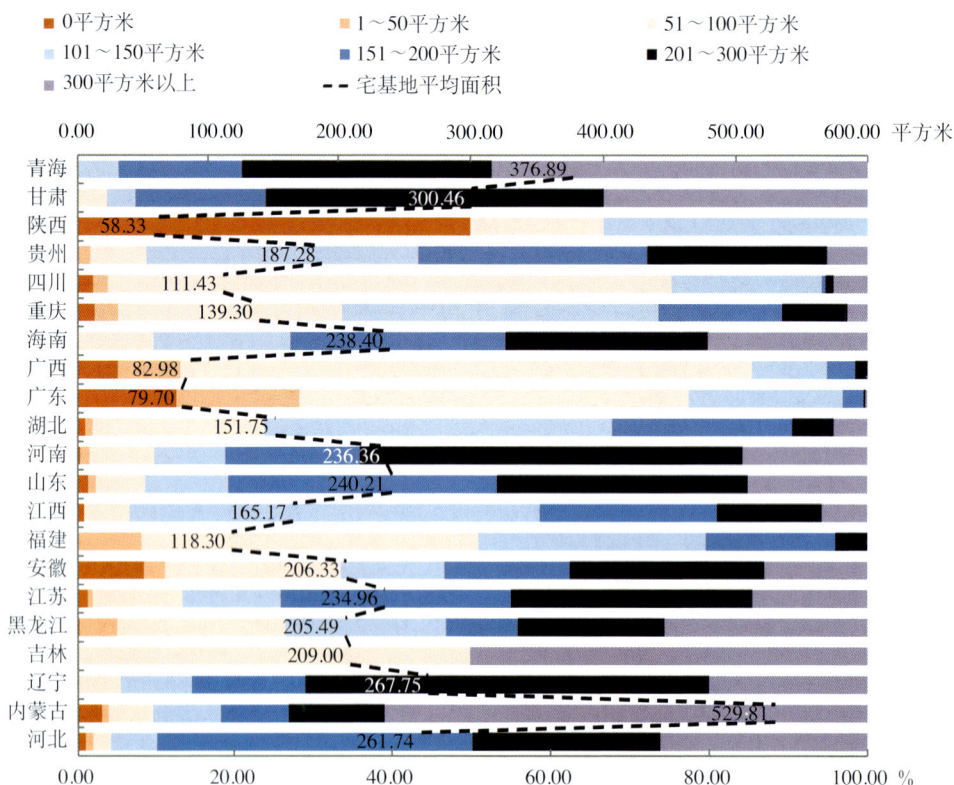

图3.3.3 各地区农村宅基地平均面积

3. 房屋建筑面积各地区差别较大

①基本现状

表3.3.3和图3.3.4反映了各地区受访村民宅基地房屋建筑面积及其构成占比的情况。各地区受访村民宅基地房屋建筑平均面积为157.4平方米，占全国比例

33.3%的地区宅基地房屋建筑面积超过全国平均水平。各地村民宅基地房屋建筑平均面积不同：贵州省最大，达到250.7平方米；湖北省、江西省、江苏省、青海省为200～220平方米；安徽省、辽宁省分别为195.74平方米、185.09平方米；河南省、四川省、重庆市、福建省、海南省、河北省、山东省、广西壮族自治区为140～155平方米；甘肃省为135.71平方米；广东省为129.55平方米；内蒙古自治区为125.19平方米；黑龙江省最低，为106.63平方米。

　　②存在问题

　　各地区村民拥有的宅基地房屋建筑面积差异显著，部分地区存在宅基地房屋建筑面积过大的情况。

表3.3.3　各地区村民宅基地房屋建筑面积及其构成比例

省级行政区	房屋建筑平均面积（平方米）	0平方米（%）	1～50平方米（%）	51～100平方米（%）	101～150平方米（%）	151～200平方米（%）	201～300平方米（%）	300平方米以上（%）
河北	151.45	1.07	2.99	29.63	26.63	29.09	5.45	5.13
内蒙古	125.19	2.60	5.63	59.31	12.55	9.96	4.76	5.19
辽宁	185.09	1.72	1.72	17.24	48.28	5.17	12.07	13.79
吉林	88.00	0.00	0.00	100.00	0.00	0.00	0.00	0.00
黑龙江	106.63	0.16	9.83	46.75	30.43	10.94	1.74	0.16
江苏	213.31	1.27	1.90	32.28	11.39	18.35	15.19	19.62
安徽	195.74	6.81	5.60	21.41	14.84	24.09	14.11	13.14
福建	149.31	0.00	4.08	32.65	30.61	10.20	20.41	2.04
江西	209.70	0.83	1.65	21.49	22.31	17.36	20.66	15.70
山东	152.47	0.50	4.30	30.44	30.77	17.29	11.50	5.21
河南	144.75	0.47	5.44	25.19	32.97	24.57	9.02	2.33
湖北	206.90	0.48	0.72	15.35	16.07	29.02	27.58	10.79
广东	129.55	0.26	4.47	42.37	30.53	12.37	8.68	1.32
广西	153.35	0.79	3.17	25.00	28.17	25.40	13.89	3.57
海南	150.35	0.00	0.00	21.05	47.37	21.05	8.77	1.75
重庆	148.05	0.00	3.31	30.17	38.02	14.46	10.74	3.31
四川	147.99	0.00	0.98	24.88	44.39	19.51	8.29	1.95
贵州	250.66	0.00	2.57	6.11	8.04	23.15	42.12	18.01
陕西	43.33	33.33	16.67	50.00	0.00	0.00	0.00	0.00
甘肃	135.71	0.00	1.79	37.50	35.71	21.43	1.79	1.79
青海	218.63	0.00	0.00	15.79	52.63	26.32	0.00	5.26

■ 0平方米　　　　■ 1～50平方米　　　　■ 51～100平方米
■ 101～150平方米　　■ 151～200平方米　　　■ 201～300平方米
■ 300平方米以上　　-- 宅基地平均面积

地区	平均面积（平方米）
青海	218.63
甘肃	135.71
陕西	43.33
贵州	250.66
四川	147.99
重庆	148.05
海南	150.35
广西	153.35
广东	129.55
湖北	206.90
河南	144.75
山东	152.47
江西	209.70
福建	149.31
安徽	195.74
江苏	213.31
黑龙江	106.63
吉林	88.00
辽宁	185.09
内蒙古	125.19
河北	151.45

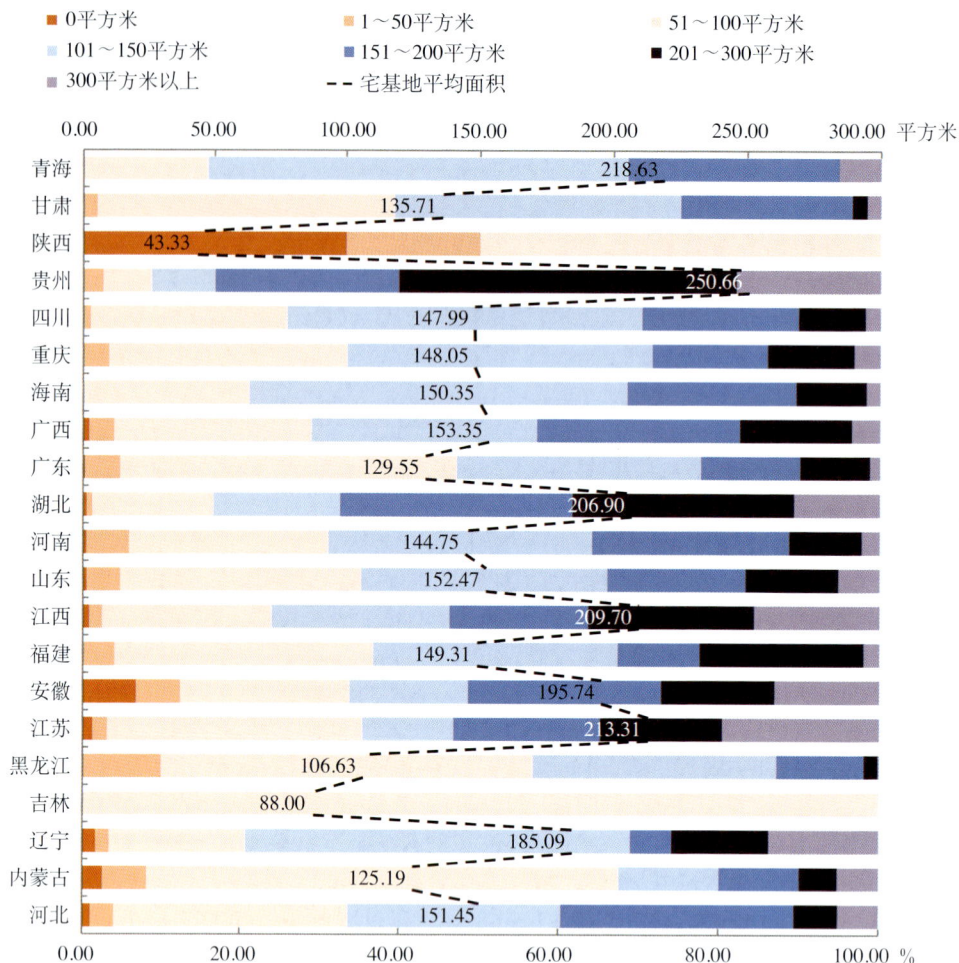

图3.3.4　各地区村民的房屋建筑平均面积及其构成比例

4.村庄宅基地房屋成新度普遍较高

①基本现状

表3.3.4和图3.3.5反映了各地区受访村民宅基地房屋成新度及其构成占比的情况。各地区受访村庄宅基地房屋成新度平均为6.30，占全国比例47.6%的地区房屋面积超过全国平均水平，成新度为8～10的占比达到32%；各地区村庄房屋成新度不同：四川省最高，达8.64；湖北省、海南省、甘肃省、广东省、江西省、安徽省、河北省、山东省、福建省、辽宁为6～7；内蒙古自治区和吉林省分别为7.27、7；青海省、重庆市、江苏省、广西壮族自治区、贵州省、黑龙江省、河南省为5～6；青海省最低，为5.38。

②存在问题

各地区村民拥有宅基地房屋的成新度差异显著，村庄宅基地房屋的成新度西部地区低，东部地区高，东西部地区发展不均衡。

表3.3.4　各地区村民宅基地房屋成新度及其构成比例

省级行政区	平均成新度	0成新（%）	1～3成新（%）	4～5成新（%）	6～7成新（%）	8～9成新（%）	10成新（%）
河北	6.56	0.55	4.05	21.25	39.43	33.08	1.64
内蒙古	7.27	0.44	0.44	2.64	48.46	47.58	0.44
辽宁	6.72	0.00	3.51	22.81	43.86	26.32	3.51
吉林	7.00	0.00	0.00	0.00	50.00	50.00	0.00
黑龙江	5.82	0.00	9.09	36.04	32.85	21.85	0.16
江苏	5.70	6.45	10.97	27.74	28.39	25.81	0.65
安徽	6.49	1.64	3.97	23.83	38.08	29.91	2.57
福建	6.68	0.00	2.13	23.40	38.30	36.17	0.00
江西	6.37	0.87	10.43	22.61	36.52	23.48	6.09
山东	6.59	0.17	5.40	19.11	39.16	34.88	1.29
河南	5.84	0.00	16.58	30.05	25.29	27.26	0.82
湖北	6.12	0.48	10.31	22.30	42.93	22.54	1.44
广东	6.32	0.00	1.30	29.69	51.30	17.19	0.52
广西	5.70	0.80	9.96	37.05	35.06	17.13	0.00
海南	6.17	0.00	12.39	13.27	46.02	28.32	0.00
重庆	5.50	0.00	20.60	26.18	32.62	20.17	0.43
四川	8.64	0.00	0.00	2.94	8.82	88.24	0.00
贵州	5.70	0.33	21.93	25.25	19.93	30.56	1.99
陕西	5.50	0.00	50.00	0.00	25.00	0.00	25.00
甘肃	6.18	0.00	5.36	30.36	39.29	25.00	0.00
青海	5.38	0.00	37.50	12.50	18.75	25.00	6.25

5.宅基地在2000年以后修建占比较多

①基本现状

表3.3.5和图3.3.6反映了各地区受访村民宅基地房屋修建年代及其构成占比的情况。整体来看，村庄宅基地房屋在2000年之后修建的占比较多，达到63.7%，其中四川省占比最高；内蒙古自治区的宅基地房屋在2000年之前修建的比例最高。各地区宅基地房屋平均修建年份不同：四川省为2012年；海南省、广西壮族自治区为2006年；江西省、贵州省、广东省、湖北省、青海省、安徽省为2000—2004年；江苏省、甘肃省为1999年；山东省为1998年；黑龙江省、内蒙古自治区、重庆市、辽宁省、河北省、河南省为1990—1996年；福建省最早，为1989年。

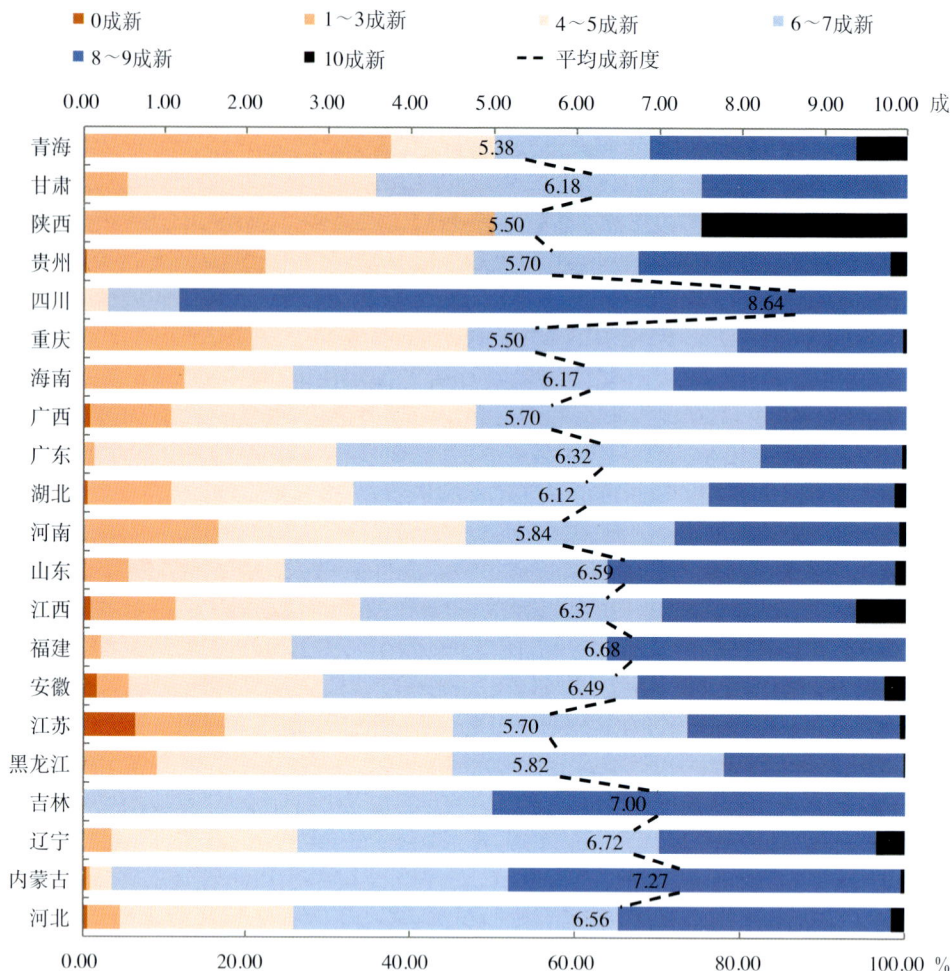

图例：
- 0成新
- 1～3成新
- 4～5成新
- 6～7成新
- 8～9成新
- 10成新
- 平均成新度

地区	平均成新度
青海	5.38
甘肃	6.18
陕西	5.50
贵州	5.70
四川	8.64
重庆	5.50
海南	6.17
广西	5.70
广东	6.32
湖北	6.12
河南	5.84
山东	6.59
江西	6.37
福建	6.68
安徽	6.49
江苏	5.70
黑龙江	5.82
吉林	7.00
辽宁	6.72
内蒙古	7.27
河北	6.56

图3.3.5 各地区村民宅基地房屋平均成新度及其构成比例

②存在问题

各地区村民拥有宅基地房屋修建时间差异显著，西北部地区村庄宅基地房屋建设年代久远，存在安全隐患。

表3.3.5 各地区村民宅基地房屋修建年代及其构成比例

省级行政区	房屋平均修建年代（年）	1949年以前（%）	1949—1961年（%）	1962—1981年（%）	1982—1998年（%）	1999—2005年（%）	2006年至今（%）
河北	1995	0.43	0.32	11.89	43.46	22.05	21.84
内蒙古	1992	0.44	0.88	19.30	45.61	10.96	22.81
辽宁	1995	0.00	0.00	8.77	43.86	35.09	12.28
吉林	1999	0.00	0.00	0.00	50.00	0.00	50.00

（续）

省级行政区	房屋平均修建年代（年）	1949年以前（%）	1949—1961年（%）	1962—1981年（%）	1982—1998年（%）	1999—2005年（%）	2006年至今（%）
黑龙江	1990	0.96	5.90	25.20	27.43	17.38	23.13
江苏	1999	0.00	0.00	9.94	33.54	26.71	29.81
安徽	2004	0.00	0.00	1.73	30.45	17.49	50.32
福建	1989	6.00	0.00	4.00	22.00	30.00	38.00
江西	2000	0.00	1.67	3.33	30.00	32.50	32.50
山东	1998	0.51	0.51	7.91	35.44	22.31	33.33
河南	1996	2.51	1.41	7.54	35.32	26.22	27.00
湖北	2002	0.00	0.48	2.15	29.12	27.45	40.81
广东	2001	0.00	0.00	2.11	21.90	53.83	22.16
广西	2006	0.40	0.00	0.00	14.62	28.06	56.92
海南	2006	0.00	0.00	0.88	8.77	25.44	64.91
重庆	1994	1.25	2.50	19.58	26.67	18.33	31.67
四川	2012	0.00	0.00	0.50	3.96	1.98	93.56
贵州	2001	0.66	1.32	10.60	12.91	18.54	55.96
陕西	2010	0.00	0.00	0.00	20.00	0.00	80.00
甘肃	1999	1.82	0.00	10.91	25.45	23.64	38.18
青海	2003	0.00	0.00	10.53	15.79	21.05	52.63

6.宅基地房屋主要以自住为主

①基本现状

表3.3.6和图3.3.7反映了各地区受访村民宅基地房屋主要用途及其构成占比的情况。村庄宅基地房屋普遍以自住为主，部分地区有一定比例的房屋还用于经营、少量比例的房屋用于出租，个别地区有一定比例的房屋属于混用。这些宅基地房屋村民选择自住的平均占比为98.9%，选择出租的平均占比为1.2%，选择经营的平均占比为4.5%，选择混用的平均占比为2%。

对于自住用途，各地区比例不同：福建省、内蒙古自治区、甘肃省、江苏省、青海省、海南省为100%，湖北省、黑龙江省、河北省、河南省、重庆市为99%～100%，江西省、贵州省、广东省、安徽省、山东省为98%～99%，四川省、辽宁省分别为96.60%、96.55%，广西为95.26%。

对于出租用途，各地区比例不同：黑龙江省、四川省和广东省，四川省、黑龙江省最高，分别为5.83%、5.10%，广东省为4.34%，安徽省为2.39%，广

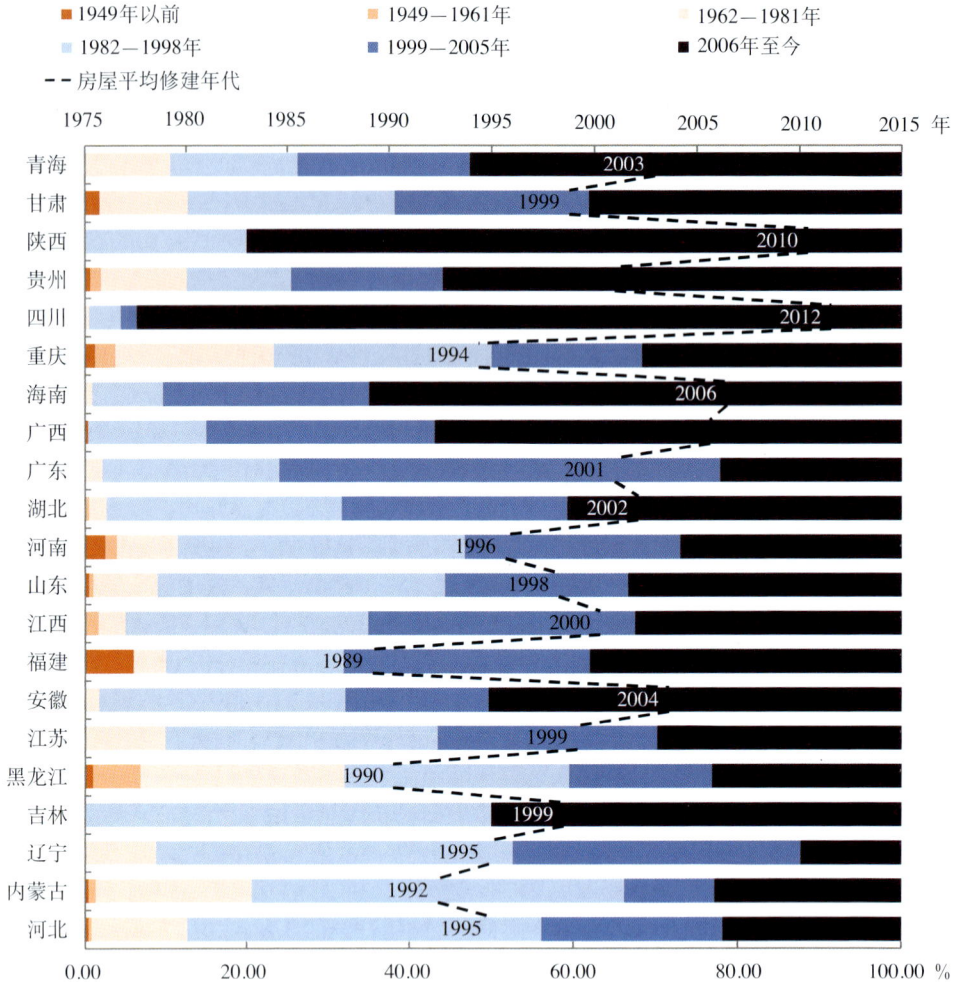

图3.3.6　各地区村民宅基地房屋修建年代及其构成比例

西壮族自治区、山东省分别为1.58%、1.33%，内蒙古自治区、河南省、贵州省、河北省、江西省、重庆市、湖北省为0.4%～1.0%，其余省份为0。

对于经营用途，各地区比例不同：辽宁省为18.97%，青海省、福建省均为10.00%，黑龙江省、江苏省、安徽省、甘肃省为4.0%～8.0%，河南省、山东省分别为2.19%、2.15%，重庆市、河北省、广东省、广西壮族自治区、海南省、湖北省为1.0%～2.0%，四川省、内蒙古自治区分别为0.97%、0.87%，江西省、贵州省均为0。

对于混用情况，各地区比例不同：辽宁省为13.79%，青海省为10.00%，广西壮族自治区为3.16%，广东省、贵州省、湖北省、四川省、江苏省、重庆市为1.0%～2.0%，河南省、河北省、山东省、江西省、黑龙江省、安徽省为

0～1.0%，内蒙古自治区、海南省、甘肃省、福建省均为0。

对于其他用途，具体有闲置、存储等，广东省的比例为5.61%，江西省的比例为0.83%，河南省、山东省、安徽省、河北省、湖北省的比例为0.1%～0.5%，其余地区均为0。

②存在问题

各地区村民对所拥有宅基地房屋的利用方式存在差异，各地区的村庄宅基地利用混乱，多元化功能开发不足。

表3.3.6　各地区村民对宅基地房屋主要用途的有效问卷及其主要用途的构成比例

省级行政区	有效问卷数	自住（%）	出租（%）	经营（%）	混用（%）	其他（%）
河北	931	99.36	0.75	1.29	0.64	0.43
内蒙古	230	100.00	0.43	0.87	0.00	0.00
辽宁	58	96.55	0.00	18.97	13.79	0.00
吉林	2	100.00	0.00	0.00	0.00	0.00
黑龙江	627	99.20	5.10	4.15	0.96	0.00
江苏	200	100.00	0.00	5.00	1.50	0.00
安徽	503	98.81	2.39	5.37	0.99	0.40
福建	50	100.00	0.00	10.00	0.00	0.00
江西	121	98.35	0.83	0.00	0.83	0.83
山东	1 207	98.92	1.33	2.15	0.66	0.17
河南	640	99.53	0.47	2.19	0.31	0.16
湖北	424	99.06	0.94	1.89	1.42	0.47
广东	392	98.47	4.34	1.53	1.28	5.61
广西	253	95.26	1.58	1.58	3.16	0.00
海南	114	100.00	0.00	1.75	0.00	0.00
重庆	242	99.59	0.83	1.24	1.65	0.00
四川	206	96.60	5.83	0.97	1.46	0.00
贵州	313	98.40	0.64	0.00	1.28	0.00
陕西	7	100.00	0.00	14.29	0.00	0.00
甘肃	56	100.00	0.00	7.14	0.00	0.00
青海	20	100.00	0.00	10.00	10.00	0.00

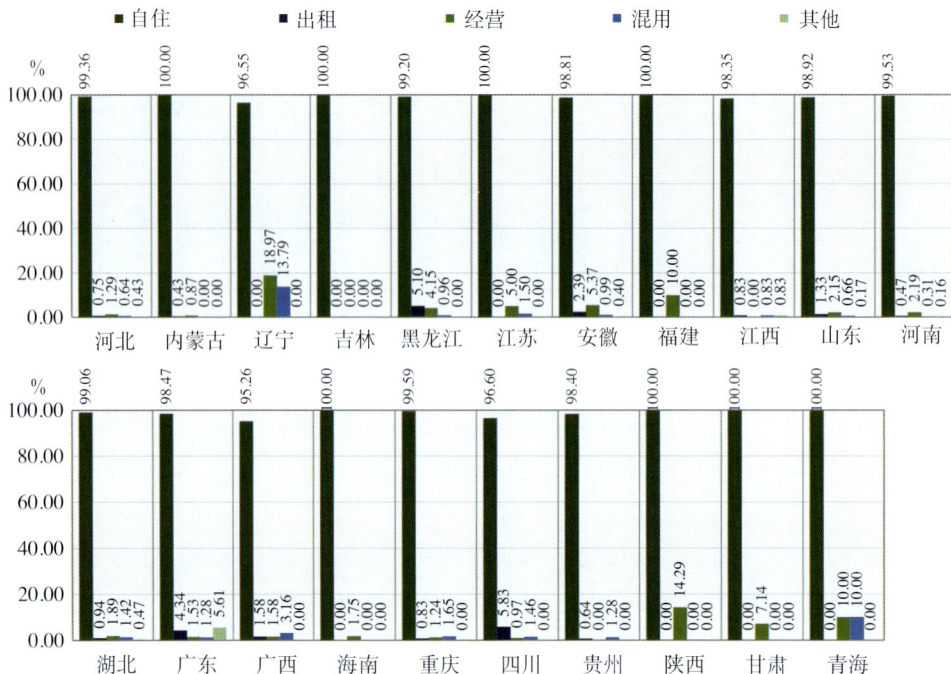

图3.3.7 各地区村民宅基地房屋主要用途及其构成比例

（二）村庄新建住房需求和意愿不大，现有居住条件仍有较大提升空间

1. 各地区村庄新建住房需求不大

基本现状

图3.3.8反映了各地区受访村民对新建住房的需求及其构成占比的情况。各地区村庄未来5年新建住房需求不大，各地区村庄有意愿在未来5年内新建住房的意愿率基本维持为20%～30%，其中青海省最高，达85.00%；其次是广东省，为53.30%；江西省、广西壮族自治区、内蒙古自治区为40%～50%；海南省、重庆市、甘肃省、湖北省、黑龙江省为30%～40%；四川省、安徽省、福建省、辽宁省、河南省、江苏省、山东省、河北省为20%～30%；贵州省最低，为14.10%。

2. 村民新宅基地希望统一规划布置

①基本现状

表3.3.7和图3.3.9反映了各地区受访村民对新建房屋选址的意愿及其构成占比的情况。村民在新增宅基地的选址意愿方面，在统一规划的新村内建房和在原地重建均有一定比例的支持者，平均有36.7%的村民希望新增宅基地建在统一规划的新村内，平均有30.8%的村民希望新增宅基地建在原地。此外，还有

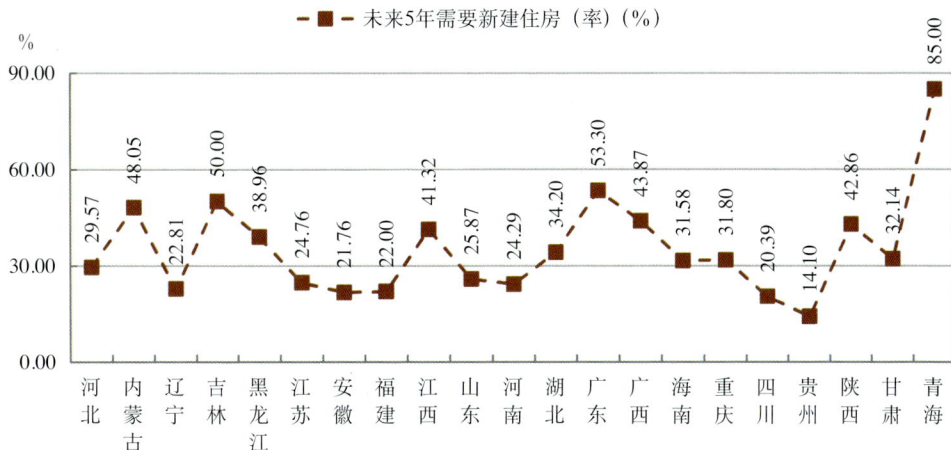

图3.3.8　各地区村民在未来5年需要新建住房的比例

许多问卷对象不确定他们的选择，少量问卷对象有其他的想法，村民对村庄规划认知需要增强。

对于在统一规划新村内建房，各地区的问卷对象中，选择这一选项的比例不同：四川省最高，为50.00%；山东省、湖北省、江苏省、福建省、内蒙古自治区为40%～50%；青海省、广西壮族自治区、辽宁省、河南省、黑龙江省、江西省为30%～35%；河北省、甘肃省、安徽省、重庆市、广东省、海南省为20%～30%，贵州省为4.28%。

对于原地重建，各地区的问卷对象中，选择这一选项的比例不同：青海省最高，为70.00%；甘肃省为55.36%；河南省、安徽省、河北省、广西壮族自治区为40%～50%；海南省、山东省、黑龙江省、湖北省、辽宁省、重庆市为30%～40%；广东省、四川省、内蒙古自治区为20%～30%；江西省为19.83%；江苏省为16.99%；贵州省为9.96%；福建省为8.00%。

在不确定建房选址的比例上，贵州省达80.88%，重庆市、福建省、黑龙江省、江苏省、海南省、广东省、江西省为30%～40%，内蒙古自治区、甘肃省、湖北省、四川省、河南省、辽宁省、河北省、山东省、安徽省为20%～30%，广西壮族自治区为17.39%，青海省为0。

此外，福建省、广东省分别有12.00%、11.31%的问卷对象对于建房选址有其他想法，内蒙古自治区、海南省、湖北省、河北省、贵州省、辽宁省、江西省选择其他选项的比例为3%～10%，四川省、黑龙江省、广西壮族自治区、重庆市、山东省、河南省、安徽省、江苏省的比例为0～3%。

②存在问题

各地区村民对新建房选址意愿的认同存在较大差异，这给村庄未来规划发展增加了不确定性。

表3.3.7　各地区村民对新建房选址意愿的构成比例

省级行政区	如果新建房，希望建在哪里			
	在统一规划新村内（%）	原地重建（%）	不确定（%）	其他（%）
河北	22.14	46.76	26.35	4.75
内蒙古	49.57	26.72	20.69	3.02
辽宁	32.14	35.71	25.00	7.14
吉林	100.00	0.00	0.00	0.00
黑龙江	33.28	30.74	35.02	0.95
江苏	44.17	16.99	35.92	2.91
安徽	25.92	43.06	28.16	2.86
福建	48.00	8.00	32.00	12.00
江西	33.88	19.83	38.02	8.26
山东	40.28	30.74	26.80	2.19
河南	32.59	40.54	24.17	2.70
湖北	41.13	31.91	23.17	3.78
广东	29.05	22.11	37.53	11.31
广西	32.02	49.01	17.39	1.58
海南	29.20	30.09	37.17	3.54
重庆	27.80	39.00	31.54	1.66
四川	50.00	26.21	23.30	0.49
贵州	4.38	9.96	80.88	4.78
陕西	42.86	14.29	28.57	14.29
甘肃	23.21	55.36	21.43	0.00
青海	30.00	70.00	0.00	0.00

3. 村庄基础设施条件较为完善

①基本现状

表3.3.8反映了各地区受访村庄的生活条件及其构成占比情况，包括通电率、通水率、通气率3个方面。各地区村庄平均通水率85.9%，平均通电率99.2%，平均通气率34.7%，大部分地区通电率达到100%，村庄基础设施条件较为完善，但仍有较多地区的通气率较低。

就通水率来说，福建省、海南省达到100%，贵州省、广东省、内蒙古自治区、河北省、广西壮族自治区为99%以上，重庆市、甘肃省、四川省、山东

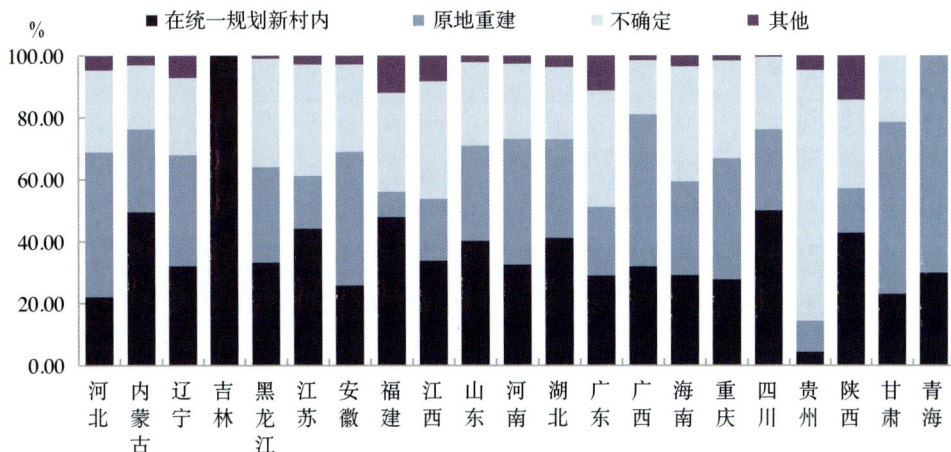

图3.3.9 各地区村民对新建房选址意愿的构成比例

省、湖北省、黑龙江省、江苏省为90%～97%，安徽省为85.86%，河南省为73.75%，辽宁省为65.52%，江西省为39.67%，青海省为0。

就通电率来说，青海省、江西省、甘肃省、广东省、海南省、福建省达到100%，四川省、贵州省、黑龙江省、河南省、河北省、重庆市为99%以上，广西壮族自治区、辽宁省、江苏省、山东省、安徽省、湖北省为98%以上，内蒙古自治区为96.97%。

在通燃气的家庭比例方面，四川省达92.65%，贵州省、青海省、海南省为60%～70%，黑龙江省、重庆市、江西省、安徽省、辽宁省为20%～40%，湖北省、山东省、内蒙古自治区、广东省、广西壮族自治区、河北省为10%～20%，福建省为6.00%，河南省、江苏省分别为3.44%、3.40%，甘肃省为1.79%。

②存在问题

部分地区存在通水、通电、通气不足的现象，如青海省通水率不足，甘肃省村庄通气率过低等。

表3.3.8 各地区村庄基础生活条件情况

省级行政区	通水率（%）	通电率（%）	通气率（%）
河北	99.57	99.47	18.53
内蒙古	99.57	96.97	15.09
辽宁	65.52	98.28	37.93
吉林	100.00	100.00	100.00
黑龙江	95.11	99.06	21.89
江苏	96.60	98.54	3.40

省级行政区	通水率（%）	通电率（%）	通气率（%）
安徽	85.86	98.80	36.85
福建	100.00	100.00	6.00
江西	39.67	100.00	25.62
山东	93.29	98.75	14.78
河南	73.75	99.06	3.44
湖北	93.40	98.82	10.87
广东	99.24	100.00	15.99
广西	99.60	98.02	18.25
海南	100.00	100.00	68.42
重庆	90.87	99.59	24.58
四川	93.20	99.02	92.65
贵州	99.04	99.05	61.02
陕西	85.71	100.00	85.71
甘肃	92.86	100.00	1.79
青海	0.00	100.00	65.00

4.村庄居住条件有较大提升空间

①基本现状

图3.3.10反映了各地区受访村民对现在居住条件满意率的情况。各地区受访村民对居住条件的平均满意率为79%，超过50%的地区村民对现在居住条件平均满意率超过全国平均水平。各地区村民对现在居住条件平均满意率不同：吉林省最高，为100%；四川省达98.05%；贵州省为91.05%；河北省、内蒙古自治区、江苏省、海南省、山东省、甘肃省为80%～90%；重庆市、湖北省、河南省、青海省、广东省、黑龙江省、安徽省、福建省为70%～80%；江西省、辽宁省、广西壮族自治区为65%～70%；江西省最低，为65.3%。村庄现在居住条件有较大提升空间。

②存在问题

各地区村民对现在居住条件的满意率差异显著，大部分地区村民对现在居住条件的满意率为中等水平，现在的农村居住条件并不能满足村民日益增长的农村品质生活需求。

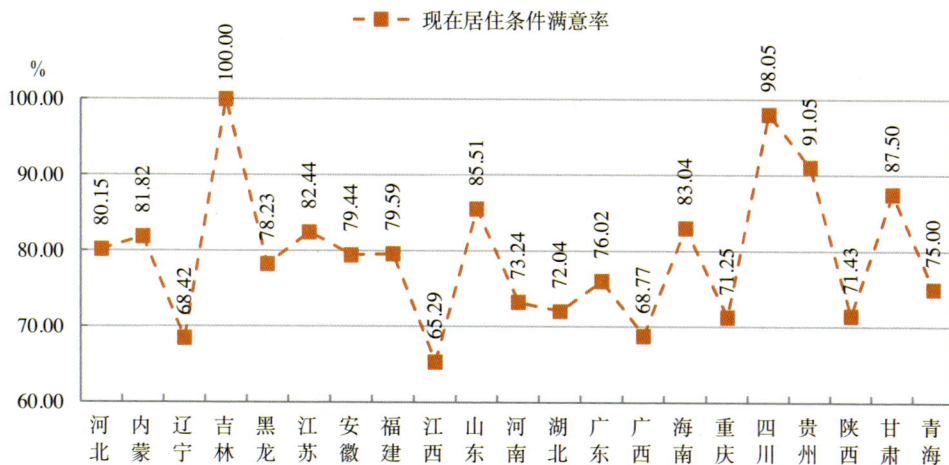

图3.3.10　各地区村民对现在居住条件满意率

5.大部分村民愿意留在本村

①基本现状

表3.3.9和图3.3.11反映了各地区受访村民对于留在本村发展意愿的情况。愿意留在本村的村民平均比例达82.8%。其中，吉林省最高，达100%；贵州省、甘肃省、四川省为96%以上；河南省、河北省分别为92.14%、90.30%；黑龙江省、广西壮族自治区、海南省、江西省、重庆市、福建省、湖北省、安徽省为80%～90%；内蒙古自治区、江苏省、山东省为70%～80%；广东省、青海省两省分别为68.03%、65.00%，辽宁省最低，为57.89%。大部分村民具有浓厚的乡土情结。

②存在问题

各地区村民对于是否留在本村继续发展的意愿情况不同，部分存在地质灾害隐患的村庄搬迁工作开展不顺。

表3.3.9　各地区村民的去留意愿比例

省级行政区	村民希望居住的地方	
	留在本村（%）	不在本村（%）
河北	90.30	9.70
内蒙古	73.16	26.84
辽宁	57.89	42.11
吉林	100.00	0.00
黑龙江	80.09	19.91
江苏	77.07	22.93

（续）

省级行政区	村民希望居住的地方	
	留在本村（%）	不在本村（%）
安徽	88.80	11.20
福建	85.71	14.29
江西	84.30	15.70
山东	78.10	21.90
河南	92.14	7.86
湖北	87.68	12.32
广东	68.03	31.97
广西	81.03	18.97
海南	83.33	16.67
重庆	84.71	15.29
四川	96.10	3.90
贵州	96.51	3.49
陕西	71.43	28.57
甘肃	96.43	3.57
青海	65.00	35.00

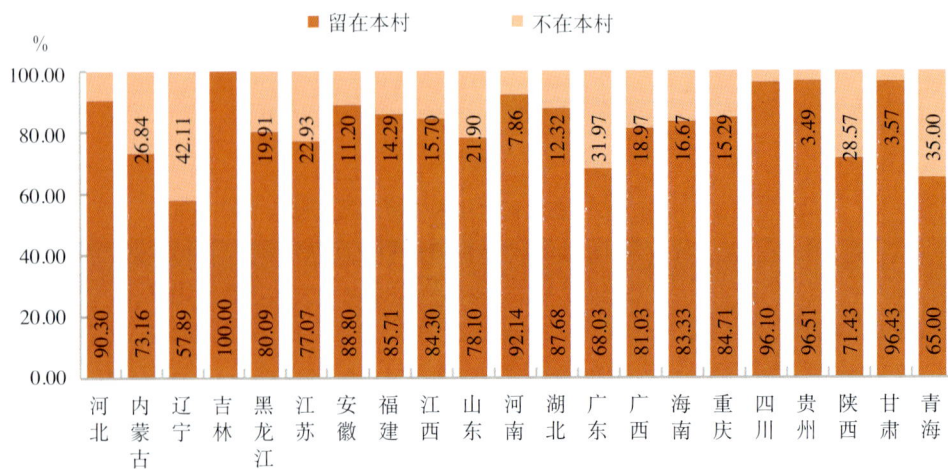

图3.3.11　各地区村民的去留意愿情况

6.村民希望搬迁有一定补偿

①基本现状

表3.3.10和图3.3.12反映了各地区受访村民的搬迁意愿情况。村民对于搬迁到新农村或者镇区的平均意愿为22.7%，有一定补偿的话，村民愿意搬迁的平均意愿为56%。

对于"愿意"这一选项，四川省、内蒙古自治区、青海省、福建省的比例为42%～47%，河北省、安徽省、黑龙江省、重庆市的比例为20%～27%，广东省、广西壮族自治区、山东省、河南省、江苏省、江西省、湖北省、甘肃省的比例为10%～20%，海南省为7.89%，福建省为6.08%，辽宁省为3.51%。

多数问卷对象选择了"要有一定的补偿才愿意"这一选项。对于"要有一定的补偿才愿意"这一选项的比例，海南省、辽宁省、广东省分别为88.60%、87.72%、81.09%，黑龙江省、河南省、山东省、江苏省为62%～66%，河北省、安徽省、江西省、四川省、重庆市、湖北省为50%～60%，福建省为44.90%，甘肃省、内蒙古自治区、青海省、广西壮族自治区为32%～36%，贵州省为20.99%。

对于"不愿意"这一选项的比例，贵州省达到72.93%；广西壮族自治区、甘肃省分别为48.81%、48.21%；青海省、河南省、山东省、湖北省、内蒙古自治区、安徽省、河北省、江西省为20%～29%；黑龙江省、重庆市、江苏省为14%～19%；海南省、广东省、福建省、辽宁省为3%～9%；四川省比例最低，为0.98%。

②存在问题

不同地区村民搬迁意愿差异较大，选择搬迁的村民较少，村民搬迁意愿受补贴的影响较大。

表3.3.10 各地区村民的搬迁意愿构成比例

省级行政区	如果提供新的宅基地，是否愿意从老村中搬出，归还现有宅基地		
	愿意（%）	要有一定的补偿才愿意（%）	不愿意（%）
河北	21.28	51.66	27.06
内蒙古	43.86	33.77	22.37
辽宁	3.51	87.72	8.77
吉林	0.00	100.00	0.00
黑龙江	22.70	62.70	14.60
江苏	16.26	65.52	18.23

（续）

省级行政区	如果提供新的宅基地，是否愿意从老村中搬出，归还现有宅基地		
	愿意（%）	要有一定的补偿才愿意（%）	不愿意（%）
安徽	22.36	53.49	24.15
福建	46.94	44.90	8.16
江西	16.53	55.37	28.10
山东	15.56	63.76	20.68
河南	16.12	63.69	20.19
湖北	19.39	59.10	21.51
广东	12.44	81.09	6.48
广西	15.48	35.71	48.81
海南	7.89	88.60	3.51
重庆	26.78	56.90	16.32
四川	42.44	56.59	0.98
贵州	6.08	20.99	72.93
陕西	57.14	28.57	14.29
甘肃	19.64	32.14	48.21
青海	45.00	35.00	20.00

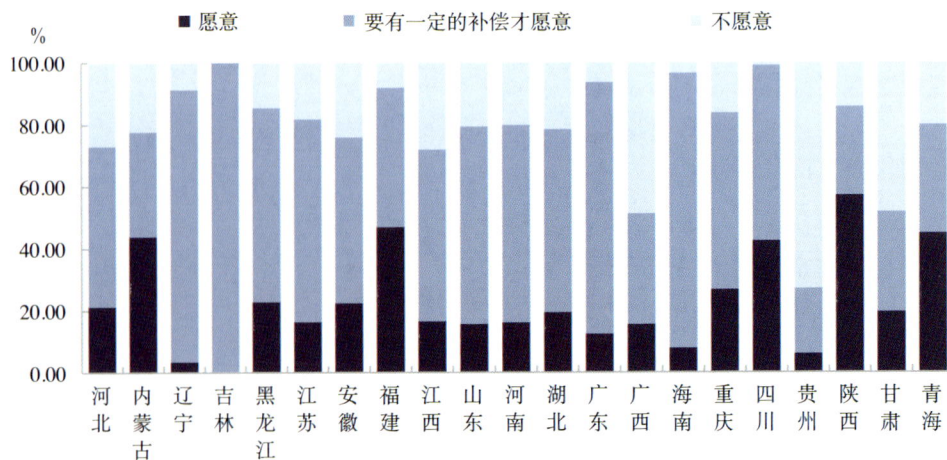

图3.3.12　各地区村民的搬迁意愿情况

7.村民集中安置更喜欢独门独院

①基本现状

表3.3.11和图3.3.13反映了各地区受访村民对于集中安置住房类型的意愿及其构成占比的情况。村民对于集中安置住房类型的选择，大多数选择"独门独院"，平均占比达62.7%；选择"多层或高层公寓"的村民占比为28%。

对于多层或高层公寓类型的接受比例，重庆市、广东省、辽宁省、黑龙江省、贵州省为43%～48%；江苏省、山东省分别为35.47%、32.35%；青海省、内蒙古自治区、江西省、安徽省、湖北省、河北省为20%～30%；河南省、广西壮族自治区、甘肃省、四川省、福建省为10%～15%；海南省最低，为7.96%。

对于靠在一起的独家房屋类型的接受比例，四川省达86.34%；广东省为62.40%；重庆市、黑龙江省、广西壮族自治区为50%～60%；安徽省、辽宁省、福建省、内蒙古自治区、海南省为40%～50%；湖北省、河北省、河南省、山东省、江西省、江苏省为30%～40%；贵州省为26.16%；甘肃省为10.71%；青海省最低，为5.00%。

对于独门独院类型的接受比例，青海省、甘肃省、四川省为80%～85%；安徽省、河南省、贵州省、重庆市为70%～75%；福建省、山东省、河北省、海南省、江苏省为60%～70%；江西省、黑龙江省、内蒙古自治区、湖北省为50%～60%；广东省、广西壮族自治区分别为48.56%、46.43%；辽宁省最低，为36.84%。

②存在问题

各地区村民对于集中安置住房类型的意愿存在较大差异，大部分村民更倾向于选择独门独院安置，这与集中安置村民，农村节约、集约土地利用规划的目标相矛盾。

表3.3.11　各地区农村集中安置住房类型的意愿情况

省级行政区	能接受的集中安置住房类型		
	多层或高层公寓（%）	靠在一起的独家房屋（%）	独门独院（%）
河北	29.41	35.94	63.53
内蒙古	20.35	48.05	58.01
辽宁	45.61	40.35	36.84
吉林	50.00	0.00	50.00
黑龙江	46.26	55.17	55.64
江苏	35.47	39.90	68.47

（续）

省级行政区	能接受的集中安置住房类型		
	多层或高层公寓（%）	靠在一起的独家房屋（%）	独门独院（%）
安徽	24.95	40.24	70.82
福建	14.29	44.90	61.22
江西	22.50	39.17	50.00
山东	32.35	39.12	62.27
河南	11.67	37.38	72.08
湖北	25.53	34.28	59.10
广东	44.91	62.40	48.56
广西	12.30	57.54	46.43
海南	7.96	48.67	63.72
重庆	43.40	51.91	74.04
四川	12.68	86.34	85.85
贵州	47.67	26.16	72.67
陕西	28.57	28.57	57.14
甘肃	12.50	10.71	80.36
青海	20.00	5.00	80.00

图3.3.13 各地区农村集中安置住房类型的意愿情况

（三）乡村居民点发展建议

1. 建立农村宅基地管理机制，推进宅基地整治

各地区建立县主导、镇主责、村主体的农村宅基地管理机制；通过培训、活动、新媒体等多种途径加强村庄宅基地相关政策宣传；有序推进村庄宅基地整治，严格执行宅基地面积标准，依据各地区农村住房建设管理办法和标准，加强村庄宅基地建筑面积的监督和管理，根据宅基地的实际建设、使用情况对宅基地超占的面积进行登记、处理；加大"空心房"整治力度，确保人民群众生命、财产安全，提升农村人居环境；加强乡村招商引资力度，盘活土地经营，激活乡村经济，促进乡村产业发展，提供更多的就业机会，让村民享受"空心房"拆除后的发展红利；同时引进人才，促使人们返城归乡，盘活村庄"空心房"价值；积极推进美丽乡村建设，加强西北部、西南部地区的村庄宅基地建筑内部改造和建筑立面整治，提升村庄建筑风貌；建立农村宅基地管理机制，加强村庄宅基地相关政策宣传。

2. 推进美丽乡村建设，加大村庄环境整治力度

各地区积极推进美丽乡村建设，根据村民新建住房需求，按照"一户一宅"合理规划村庄宅基地；根据村庄所处的地理区位条件，积极拓展村庄房屋出租、经营等多种模式，丰富村庄宅基地功能，提升村庄宅基地利用率；根据村庄宅基地建设年限和现在的建筑质量，逐步推进村庄宅基地建筑翻新、翻建工程，排除安全隐患，同时提升村容、村貌；完善村庄基础设施规划，加强村庄水、电、气等基础设施建设力度，保障村民基本生活需求，形成乡村良好的居住生活条件；按照村庄相关规划要求，根据村庄实际情况配置公共设施，完善道路、污水、垃圾收集等基础设施建设工程；加强村庄环境整治工程，创造环境优美的农村人居环境。

重点加强西部、北部地区村庄的水、电、气等基础设施建设力度，加强西北部、西南部地区村庄的宅基地建筑内部改造和建筑立面整治，提升村庄整体建筑风貌。

3. 完善新农村建设的补偿政策，改善农村的人居环境

各地区完善并落实新农村建设过程中对村民的补偿政策，例如村庄搬迁、改造、拆迁等过程中对村民的相关补偿政策，政策的实施充分尊重村民的意愿，保护村民切身合法权益，保障村民最低生活需求，提高村民生活质量。加强对村民传统思想和传统生活方式的健康引导，提升多层或高层公寓居住区村民的生活品质，营造具有乡土情怀的乡村居住氛围。

对符合相关政策进行搬迁的村庄，政府应积极开展村民思想工作，加强对村民传统思想和传统生活方式的健康引导；按照相关补偿标准，切实保护村民合法权益，推进搬迁工作，提高村庄土地资源综合利用率，提高村庄经济发展水平和农民生活质量。对部分存在地质灾害隐患、居住条件差、交通不便的村庄，政府需加大资金投入，保障村庄搬迁以及安置农民项目的顺利完成；加强宣传，增加疏通村民思想的工作，提高农民的防灾、抗灾意识和能力；适当倾斜政策，优先安排隐患点进行改造。

四、农村人居环境整治调查概况

（一）农村人居环境一般，生活垃圾污染问题较大

①基本现状

图3.4.1反映了各地区调研对象对村庄环境的感知情况。从图中可以看出，大多数问卷对象认为村庄环境很好或一般，少量问卷对象认为村庄受污染。

对于"很好"这一选项的选择比例，四川省为89.71%；内蒙古自治区、甘肃省在50%以上；黑龙江省最低，为7.52%。

对于"污染"和"严重污染"这两个选项的比例，黑龙江省为30.94%，青海为30.00%，河南省为14.17%，辽宁省、江苏省、河北省为8%～10%。

总体来看，全国大部分地区村民普遍认为所在村庄的人居环境一般，处于适中的水平。在被调查地区中，四川省、内蒙古自治区和甘肃省的村民对于村庄环境状况的感知较好，说明这些地区的农村人居环境较好；黑龙江省、青海省和河南省的村民对于村庄环境状况的感知较差，说明这些地区的农村人居环境较差。

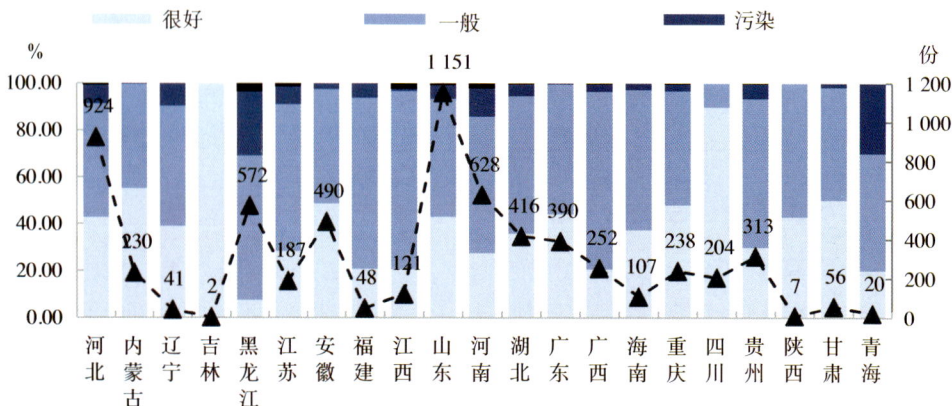

图3.4.1 各地区村民对村庄环境状况意见的构成比例

②存在问题

部分地区如黑龙江省、青海省等地区村庄环境污染较为严重，这给该地区村庄的人居环境造成较大损害，影响了村民的生活感知。

（二）农村人居环境整治

1. 环境整治需求存在差异

各地区的农村人居环境整治需求存在差异，但主要集中在增建和扩宽道路、垃圾处理、污水集中处理和解决居民饮水问题。

①基本现状

表3.4.1反映了各地区农村环境整治中需要解决问题的比例。

对于拆除临时搭建建筑的选择比例，福建省为43.75%，广东省、重庆市分别为35.86%、32.22%。

对于拆除危房的选择比例，福建省、重庆市分别为58.33%、57.74%。

对于理顺杂乱无序的道路结构的选择比例，青海省、重庆市、江西省在40%以上。

对于增建道路、扩宽道路宽度的选择比例，青海省为70.00%，广西壮族自治区、重庆市在60%以上。

对于增建停车场的选择比例，四川省达80.00%，福建省、广西壮族自治区在30%以上。

对于垃圾处理问题的选择比例，福建省为77.08%，青海省、黑龙江省在60%以上。

对于污水集中处理的选择比例，福建省、青海省在70%以上。

对于改善村民饮水问题的选择比例，青海省为75.00%，黑龙江省、安徽省、福建省、辽宁省为49%~54%。

总体来看，村民重点关注增建和扩宽道路、垃圾处理、污水集中处理和居民饮水这几个方面的问题，但各地区关注的重点有所不同。比如，福建省村民重点关注垃圾处理和污水集中处理的问题，青海省村民主要关注饮水问题等，这些整治需求基本与污染来源的调查结果相匹配。

②存在问题

农村人居环境整治方面主要面临垃圾处理、污水处理、增建和扩宽道路以及居民饮水等基础设施问题。

表3.4.1　各地区农村环境整治需要解决的问题

省级行政区	觉得本村环境整治中最需要解决的问题							
	A.拆除临时搭建的建筑（%）	B.拆除危房（%）	C.理顺杂乱无序的道路结构（%）	D.增建道路，扩宽道路宽度（%）	E.增建停车场（%）	F.垃圾处理问题（%）	G.污水集中处理（%）	H.改善村民饮水问题（%）
河北	5.80	12.50	12.84	29.09	22.95	46.93	28.75	22.05
内蒙古	2.61	15.65	18.70	25.22	18.26	51.74	28.26	9.57
辽宁	12.20	9.76	7.32	26.83	7.32	34.15	17.07	53.66
吉林	0.00	0.00	0.00	50.00	50.00	0.00	50.00	50.00
黑龙江	13.17	26.34	30.50	23.92	2.95	61.35	37.61	49.22
江苏	10.61	21.23	18.99	41.34	8.94	40.78	30.17	15.08
安徽	11.94	18.98	22.17	34.54	6.61	35.61	33.90	49.68
福建	43.75	58.33	39.58	52.08	37.50	77.08	77.08	50.00
江西	14.88	33.88	42.98	40.50	12.40	28.93	21.49	33.88
山东	13.25	16.93	31.32	38.88	22.71	27.91	36.71	19.58
河南	6.03	13.84	25.41	43.49	9.77	41.53	35.83	26.87
湖北	10.34	31.01	15.63	46.15	11.06	42.55	42.07	37.50
广东	35.86	39.79	29.84	29.58	14.14	50.26	28.01	16.75
广西	13.89	25.40	29.37	65.87	30.16	29.76	31.35	30.16
海南	18.81	20.79	17.82	40.59	15.84	58.42	42.57	28.71
重庆	32.22	57.74	41.84	63.18	20.92	48.95	37.24	35.98
四川	3.68	3.68	2.11	5.79	80.00	13.68	5.79	6.84
贵州	10.99	7.45	3.90	18.44	1.42	48.94	30.85	35.11
陕西	20.00	60.00	60.00	60.00	40.00	60.00	80.00	80.00
甘肃	5.36	25.00	10.71	26.79	3.57	41.07	26.79	35.71
青海	0.00	35.00	40.00	70.00	5.00	65.00	70.00	75.00

2. 环境整治的紧要问题

各地区农村人居环境整治所面临的紧要问题存在差异，但都以垃圾处理问题、增建和扩宽道路为首要。

①基本现状

表3.4.2表示各地区农村环境整治所面临紧要问题的排序。各地区亟待解决的首要问题中，出现频率最高的是垃圾处理问题，被调查的21个地区中，有9

个地区认为垃圾处理问题是农村人居环境中首要待解决的问题。其次是增建和扩宽道路。各地区农村人居环境整治面临的首要问题不一，但主要集中在垃圾处理问题、增建和扩宽道路，其中农村垃圾处理问题为重中之重、迫在眉睫。

②存在问题

农村环境保护宣传力度不够，村民环境卫生问题认识不到位；农村垃圾量大、种类多、面广，运输处理成本高、处理难度大；部分农村缺乏垃圾处理资金，投入不足，垃圾处理普及率不高。农村道路建设水平低，道路普遍较窄，无法会车，这为村民生活带来麻烦。

表3.4.2　各地区农村环境整治紧要问题的排序

省级行政区	第一名	第二名	第三名
河北	F.垃圾处理问题	E.增建停车场	D.增建道路，扩宽道路宽度
内蒙古	F.垃圾处理问题	G.污水集中处理	B.拆除危房
辽宁	H.改善村民饮水问题	A.拆除临时搭建的建筑 D.增建道路，扩宽道路宽度 F.垃圾处理问题	
吉林	D.增建道路，扩宽道路宽度 E.增建停车场		
黑龙江	F.垃圾处理问题	G.污水集中处理	C.理顺杂乱无序的道路结构
江苏	F.垃圾处理问题	D.增建道路，扩宽道路宽度	G.污水集中处理
安徽	H.改善村民饮水问题	D.增建道路，扩宽道路宽度	C.理顺杂乱无序的道路结构
福建	B.拆除危房	F.垃圾处理问题	D.增建道路，扩宽道路宽度
江西	C.理顺杂乱无序的道路结构	B.拆除危房	D.增建道路，扩宽道路宽度
山东	C.理顺杂乱无序的道路结构	D.增建道路，扩宽道路宽度	G.污水集中处理
河南	D.增建道路，扩宽道路宽度	F.垃圾处理问题	C.理顺杂乱无序的道路结构
湖北	D.增建道路，扩宽道路宽度	B.拆除危房	G.污水集中处理
广东	F.垃圾处理问题	A.拆除临时搭建的建筑	B.拆除危房
广西	D.增建道路，扩宽道路宽度	B.拆除危房 C.理顺杂乱无序的道路结构 F.垃圾处理问题	
海南	F.垃圾处理问题	D.增建道路，扩宽道路宽度	B.拆除危房
重庆	D.增建道路，扩宽道路宽度	B.拆除危房	F.垃圾处理问题
四川	E.增建停车场	D.增建道路，扩宽道路宽度 H.改善村民饮水问题	
贵州	F.垃圾处理问题	H.改善村民饮水问题	D.增建道路，扩宽道路宽度

（续）

省级行政区	第一名	第二名	第三名
陕西	F.垃圾处理问题	B.拆除危房 E.增建停车场 G.污水集中处理	
甘肃	F.垃圾处理问题	H.改善村民饮水问题	D.增建道路，扩宽道路宽度
青海	G.污水集中处理	B.拆除危房 F.垃圾处理问题	

3. 部分地区村庄违建房和危房的拆迁治理工作亟待推进

①基本现状

图3.4.2和图3.4.3分别表示农村环境整治需要解决的问题中，各地区村民对拆除临时搭建的建筑和拆除危房的选择比例。

对于拆除临时搭建建筑的选择比例，福建省为43.75%，广东省、重庆市分别为35.86%、32.22%，湖北省、江苏省、贵州省、安徽省、辽宁省、黑龙江省、山东省、广西壮族自治区、江西省、海南省为10%～20%，内蒙古自治区、四川省、甘肃省、河北省、河南省为2%～7%。

对于拆除危房的选择比例，陕西省、福建省、重庆市分别为60%、58.33%、57.74%，湖北、江西、青海、广东为30%～40%，海南省、江苏省、甘肃省、广西壮族自治区、黑龙江省为20%～27%，河北省、河南省、内蒙古自治区、山东省、安徽省为10%～20%，辽宁省为9.76%，贵州省为7.45%，四川省为3.68%。

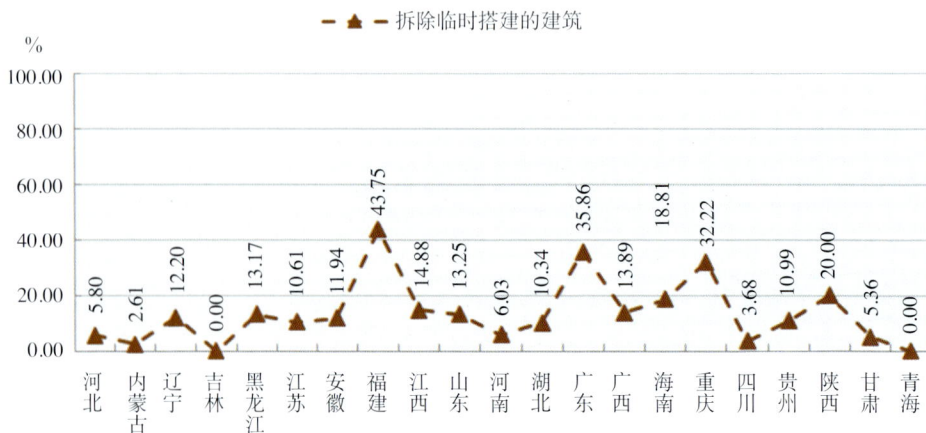

图3.4.2　各地区村庄临建私建乱搭现象比例

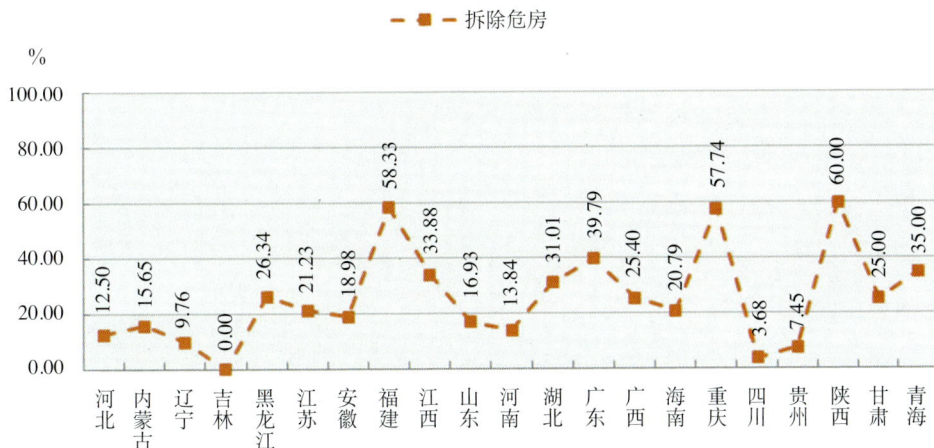

図3.4.3 各地区村庄拆除危房比例

总体来看，福建省、广东省、重庆市和陕西省等地区的村庄存在私建乱搭现象严重、村民危房较多的问题，这给居住地村民带来了不好的居住环境体验，因此在部分地区，这些问题亟待解决。

②存在问题

部分地区村庄"临建"、私建、乱搭现象严重，危房较多。

4.村庄道路结构、增建及扩宽道路的需求，各地区呼声普遍较高

①基本现状

图3.4.4和图3.4.5分别表示农村环境整治需要解决的问题中，各地区理顺杂乱无序的道路结构和增建道路、扩宽道路宽度的选择比例。

对于理顺杂乱无序道路结构的选择比例，青海省、重庆市、江西省为40%以上，黑龙江省、山东省、福建省为30%～40%，安徽省、河南省、广西壮族自治区、广东省为20%～30%，甘肃省、河北省、湖北省、海南省、内蒙古自治区、江苏省为10%～20%，辽宁省为7.32%，贵州省为3.90%，四川省为2.11%。

对于增建道路、扩宽道路宽度的选择比例，青海省为70.00%，广西壮族自治区、重庆市为60%以上，福建省为52.08%，江西省、海南省、江苏省、河南省、湖北省为40%～50%，安徽省、山东省为30%～40%，黑龙江省、内蒙古自治区、甘肃省、辽宁省、河北省、广东省为20%～30%，贵州省为18.44%，四川省为5.79%。

总体来看，村庄道路建设上，全国各地区村民对村庄道路路网结构、增建及扩宽道路的需求和呼声普遍较高，其中福建省、江西省、广东省、广西壮族自治区、重庆市和青海省等地区需求迫切。

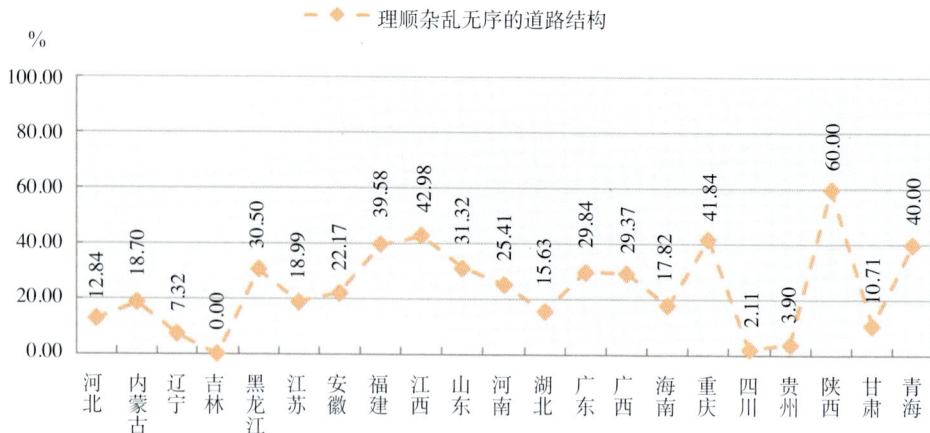

图3.4.4 各地区村庄道路结构关注度

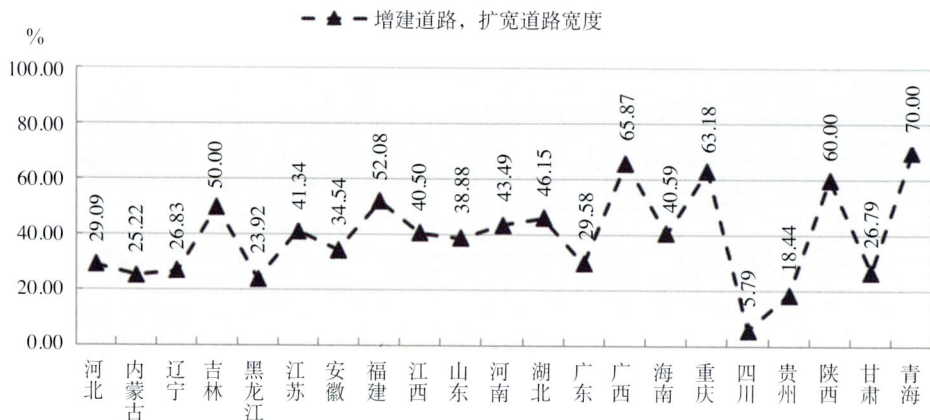

图3.4.5 各地区村庄增建道路及扩建道路关注度

②存在问题

部分地区村庄道路建设水平低，路网复杂、路面较窄，导致通行不畅，影响村民生活。

5. 村庄垃圾处理和污水集中处理问题，各地区村民普遍较为关注

①基本现状

图3.4.6和图3.4.7分别表示农村环境整治需要解决的问题中，各地区垃圾处理问题及污水集中处理的选择比例。

对于垃圾处理问题的选择比例，福建省为77.08％，青海省、黑龙江省为60％以上，广东省、内蒙古自治区、海南省为50％～60％，江苏省、甘肃省、河南省、湖北省、河北省、贵州省、重庆市为40％～50％，山东

省、江西省、广西壮族自治区、辽宁省、安徽省为25%～40%，四川省为13.68%。

对于污水集中处理的选择比例，福建省、青海省为70%以上，海南省、湖北省为40%以上，江苏省、贵州省、广西壮族自治区、安徽省、河南省、山东省、重庆市、黑龙江省为30%～40%，江西省、甘肃省、广东省、内蒙古自治区、河北省为20%～30%，辽宁省为17.07%，四川省为5.79%。

总体来看，在垃圾处理和污水集中处理问题上，各地区的村民普遍较为关注。对垃圾处理平均关注度为43%，其中福建省村民关注度最高。

②存在问题

部分地区村庄的垃圾处理和污水处理依然存在较大问题，这给村民的生产、生活带来不利影响。

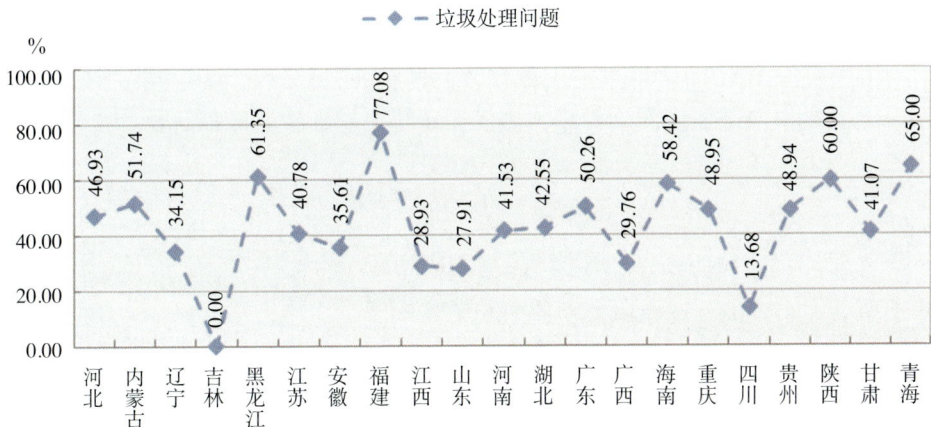

图3.4.6　各地区农村垃圾处理问题的关注度

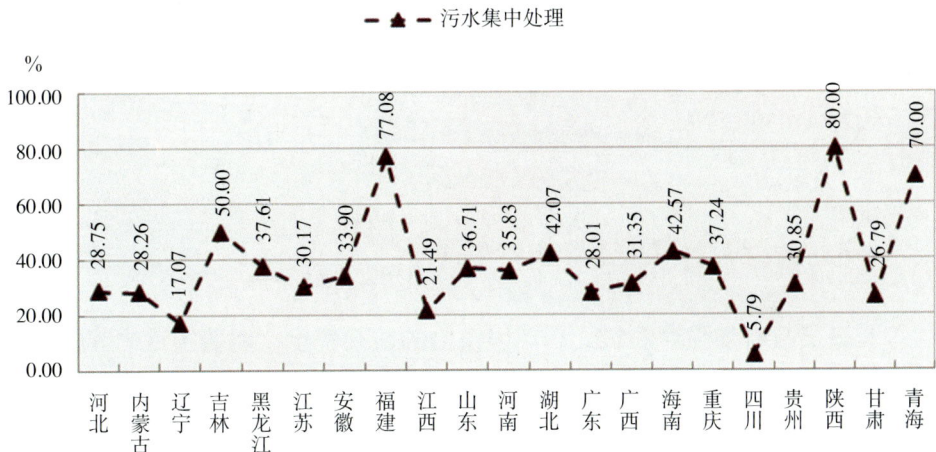

图3.4.7　各地区农村对污水集中处理的关注度

6.村庄改善村民饮用水问题各地区关注度差别较大

①基本现状

图3.4.8表示农村环境整治需要解决的问题中，各地区改善村民饮水问题的选择比例。

对于改善村民饮水问题的选择比例，青海省为75.00%，黑龙江省、安徽省、福建省、辽宁省为49%～54%，广西壮族自治区、江西省、贵州省、甘肃省、重庆市、湖北省为30%～40%，河北省、河南省、海南省为20%～30%，江苏省、广东省、山东省为15%～20%，内蒙古自治区为9.57%，四川省为6.84%。

总体来看，对于改善村民饮用水问题的关注度，各地区差别较大，其中陕西省、青海省、山东省、安徽省、福建省等地区的村民呼声较高。

②存在问题

部分地区村庄的饮用水供应存在较大问题，村民饮用水安全得不到有效保障，尤其是中西部地区部分村庄，需要抓紧解决基础生活保障问题。

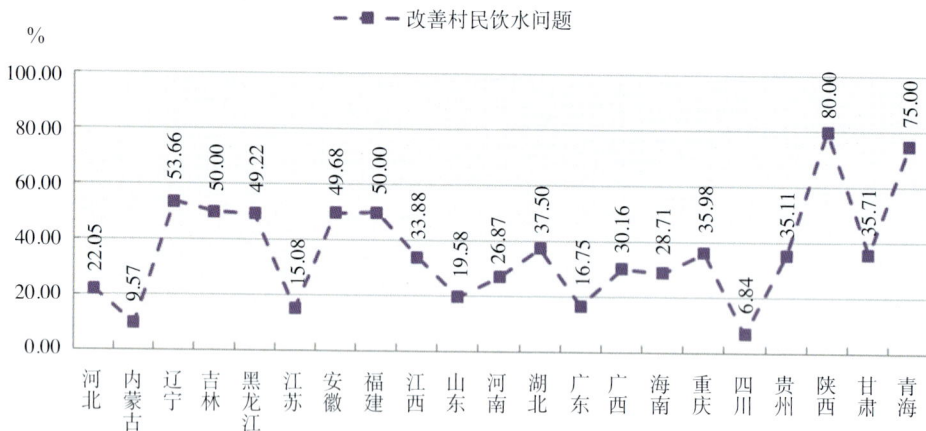

图3.4.8　各地区对改善村民饮用水的关注度

（三）农村人居环境发展重点任务

1.基层政府加强对农村人居环境整治的重视程度，明确整治内容及整治紧要问题的优先顺序

基层政府一是充分认识到农村人居环境整治规划的重要性；二是制定详细、科学的规划，根据村庄不同区位、不同类型、不同人居环境的现状，确定农村

人居环境整治的重点，明确综合整治的路线图、时间表；三是科学核算资金需求规模，根据农村人居环境整治规划，充分考虑农村人居环境整治所需的硬件设施、运营等各种要素，制定实施的具体方案。

2.加强监管和整治设施的管护运营，确保农村人居环境整治成效的可持续性

政府加强对农村人居环境整治的全过程监管。强化检查激励，抓好农村人居环境整治大检查问题整改，建立完善问题投诉反应机制，落实国务院督查激励措施。针对当前农村人居环境整治监管缺位问题，应尽快建立评估与监督机制。采取第三方参与模式，建立农村人居环境整治的评估与监督机制，对参与农村人居环境整治利益相关者的行为、治理效果、满意度、存在的问题等进行全面、科学的评估，以寻求完善农村人居环境整治的途径与措施，特别是设施完成之后管护机制的完善，这是确保整治成效可持续性的关键。

3.建立村民参与机制，切实发挥村民的主体地位

政府强化宣传引导，加强有关政策宣传和知识科普，把人居环境建设作为文明村镇创建的重要内容，进一步动员妇女、青少年等参与农村人居环境整治。以喜闻乐见的方式，譬如通过广播、电视等新闻媒体和网络新媒体，向村民广泛宣传农村人居环境质量对身体健康的积极影响，提高他们对农村人居环境重要性的认知水平。宣传、考评督促和典型激励相结合的方式，使村民能够积极、主动、全面参与农村人居环境整治的全过程，在此过程中培养村民的责任意识，进而推动其生活方式的转变和参与意识的提高。

4.加大财政资金投入，为整治农村人民环境提供资金保障

政府创新融资机制，建立公共设施以"政府投入为主，村民支持为辅，积极发挥社会支持"的多元化投资机制和以村民为主体的公共设施运行、维护、管理机制，调动村民参与农村人居环境整治的积极性。强化政策支持，安排中央预算内投资，支持中西部等部分地区以县为单位开展农村人居环境整治，稳妥实施农村厕所革命整村推进奖补政策。

5.强化组织引导和党员示范带动

政府通过建立"镇干部包村、村两委成员包组、党员结对帮扶"机制，全面压实镇、村主体责任。充分激发农村"两委"班子成员战斗力和凝聚力，树立党员先锋模范作用，结合脱贫攻坚，开展"美丽庭院、星级文明户、新乡贤"评选、"生态美爱心超市"垃圾积分换购等活动，引导群众参与垃圾分类、参加村庄清洁行动积分活动，进一步激发群众的积极性、主动性。

五、乡村生态环境保护调查概况

各地区的农村目前存在水体大面积污染、工业污染加剧等现象，目前村民生态保护意识有所提高，但保护力度仍然较为薄弱，农村生态环境形势仍然十分严峻，这制约了农村经济社会的可持续发展。

（一）村庄环境污染

1. 环境污染来源多样

①基本现状

表 3.5.1 表示了各地区村民对环境污染来源的感知情况。

对于生活垃圾污染的选择比例，广西壮族自治区和福建省为 90% 以上，辽宁省、重庆市、青海省、黑龙江省为 80%～90%。

对于农药化肥污染的选择比例，辽宁省、重庆市分别为 65.00%、59.23%，安徽省为 41.69%。

对于水污染的选择比例，青海省达 50.00%，山东省为 42.32%，辽宁省、贵州省、福建省、湖北省为 30%～40%。

对于工厂污染的选择比例，福建省为 29.17%，河南省、山东省、江西省分别为 19.29%、15.48%、12.50%。

对于空气污染的选择比例，山东省为 25.28%，辽宁省、河北省、福建省、河南省为 15%～20%

对于噪声污染的选择比例，江苏省、山东省分别为 14.97%、11.25%。

总体来看，在被调查对象中，环境污染来源选择生活垃圾污染的人数比例较高，其次是农药化肥污染和水污染，这说明大部分地区农村的生活垃圾污染、农药化肥污染和水污染情况较严重。其中，在被调查地区中，广西壮族自治区和福建省的生活垃圾污染情况最为严重，辽宁省和安徽省的农药化肥污染情况最为严重，青海省和山东省的水污染情况最为严重。

②存在问题

农村人居环境面临着的较大挑战主要来源于生活垃圾污染、农药化肥污染和水污染，这些问题都在根本上影响着农村人居环境的改善，因此，这一系列的污染问题，应该是亟待解决的。

局部地区农村饮用水水源地存在环境安全问题，农村生活污水处理设施严重不足，农村生活垃圾分类减量化程度仍然较低，畜禽养殖污染物排放总量大，粪污资源化利用率较低，种植养殖结合程度不够。农药、化肥施用强度较大。

表3.5.1　各地区村民对环境污染来源的意见比例

省级行政区	空气污染（%）	水污染（%）	生活垃圾污染（%）	农药化肥污染（%）	噪声污染（%）	工厂污染（%）	其他（%）
河北	16.06	22.87	57.06	13.50	1.95	9.00	14.96
内蒙古	7.86	13.97	55.46	32.31	3.06	8.73	6.11
辽宁	15.00	30.00	80.00	65.00	2.50	0.00	5.00
吉林	0.00	100.00	0.00	0.00	0.00	0.00	0.00
黑龙江	13.76	21.95	86.06	12.37	2.96	7.32	2.26
江苏	8.16	22.45	67.35	36.05	14.97	8.84	7.48
安徽	8.20	25.51	69.48	41.69	2.96	0.46	3.19
福建	18.75	37.50	91.67	33.33	0.00	29.17	2.08
江西	8.93	25.89	54.46	28.57	0.89	12.50	16.96
山东	25.28	42.32	39.09	15.37	11.25	15.48	5.57
河南	18.78	25.04	60.74	9.64	7.78	19.29	7.11
湖北	13.91	39.33	66.67	34.05	7.19	1.44	0.96
广东	3.64	17.37	67.79	29.13	0.84	3.36	12.04
广西	2.39	5.18	94.42	19.52	2.39	1.20	0.00
海南	2.06	4.12	71.13	14.43	9.28	0.00	15.46
重庆	6.44	12.02	81.97	59.23	0.43	3.86	2.15
四川	6.33	27.85	70.89	10.13	7.59	1.27	0.00
贵州	3.74	31.55	67.38	0.53	2.67	2.14	0.00
陕西	14.29	42.86	42.86	0.00	0.00	28.57	14.29
甘肃	1.85	12.96	66.67	37.04	7.41	0.00	0.00
青海	5.00	50.00	85.00	10.00	0.00	0.00	5.00

2.水污染主要来自工业、农业和生活的污水

①基本现状

图3.5.1展示各地区村庄水污染的比例。农村水体污染源主要来自工业、农业和生活的污水。部分工业废水处理未达标就排放、生活污水未处理就直接排放的现象普遍存在，其中青海省、陕西省的水污染最为严重（吉林省由于问卷数量过少，未考虑）。

②存在问题

农业生产过程中不合理使用农药、化肥等问题导致水体污染情况较为突出。

（3）措施建议

对农村生活垃圾和农业废弃物加强协同利用和统筹处理，加强村庄农业生产水肥一体化利用；大力推进农村生活污水治理，加强农村生活污水处理设施监测，强化村庄小型污水处理工程建设。

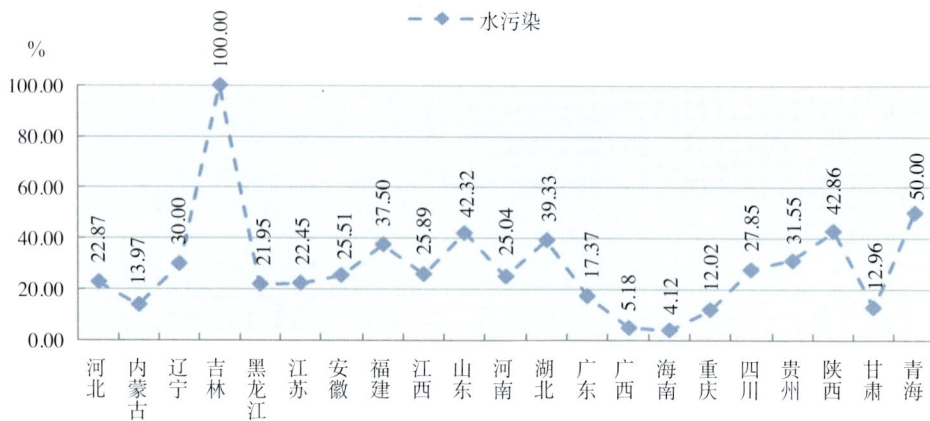

图3.5.1　各地区村庄水污染比例

3.固体废弃物等垃圾污染较为严重

①基本现状

图3.5.2展示了各地区村庄生活垃圾污染的比例。经调研，农村生活垃圾污染普遍较严重，其中以福建省和广西壮族自治区的情况最为严重。农村固体废弃物主要包括种植业产生的固体废物、乡镇企业产生的固体废物、农村生活垃圾等。

②存在问题

东南部地区和北部地区部分村庄生活垃圾污染较为严重。村民自身环保意识不强，缺乏一定的环保知识，造成生活垃圾乱扔乱放、使用过的农药塑料瓶和塑料袋未能正确安置等问题。

③措施建议

加强村庄生活垃圾治理和分类收集政策的宣传，完善符合农村实际的垃圾收集处置体系。优化垃圾收运处置设施布局，统筹县、乡（镇）、村三级设施服务，合理选择收集、转运和处置模式；完善村庄垃圾箱、垃圾收集点建设，落实责任制。

4.农业发达地区农药化肥污染严重

①基本现状

图3.5.3展示了各地区村庄农药化肥污染的比例。相较而言，辽宁省、重庆

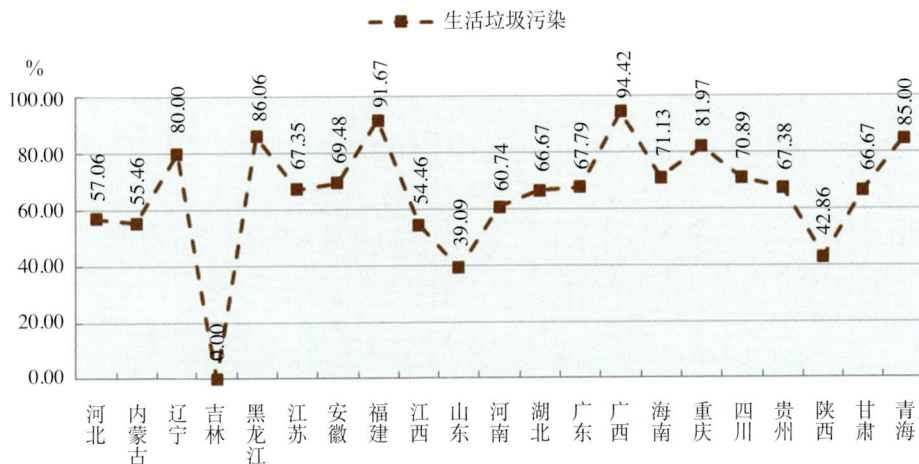

图3.5.2　各地区村庄生活垃圾污染比例

市、安徽省和甘肃省等地区的农药化肥污染较为严重。

②存在问题

一些地区的农药化肥污染严重。村民在农业生产中有农药使用不节制、化肥使用不达标等现象，片面追求利益最大化，导致农药残留和周边环境的富氧化现象严重，这已成为农村环境污染的重要因素。

③措施建议

大力推进农业生产生态化。调整优化农业种植养殖产业结构，开展种植产业模式生态化试点；持续推进化肥、农药减施增效。研发推广绿色高效有机肥，集成推广化肥机械深施、种肥同播、水肥一体等绿色高效技术，应用生态调控、生物防治等绿色防控技术。

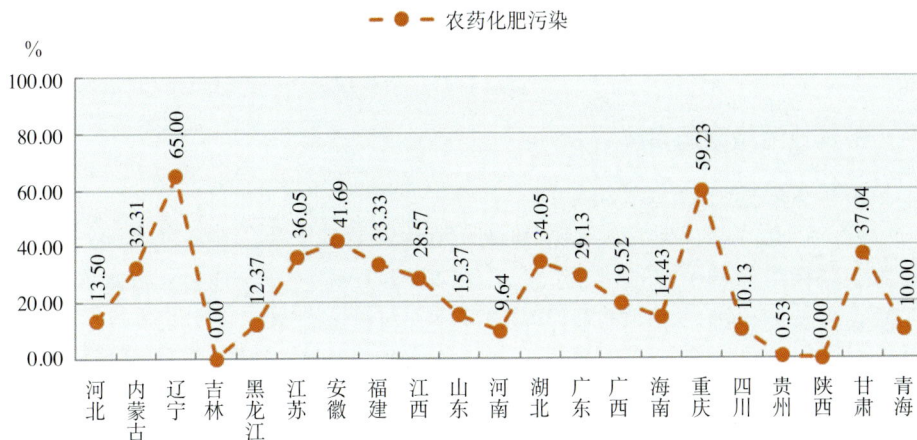

图3.5.3　各地区村庄农药化肥污染比例

5.空气污染情况相对较好

①基本现状

图3.5.4展示了各地区村庄中空气污染的比例。总体来看，村庄空气污染相对较小。目前农村大气污染主要包括农村工业生产过程中产生的烟雾、二氧化硫、一氧化碳、二氧化碳等有害气体，焚烧秸秆对大气的污染，喷洒农药造成的污染，垃圾未及时处理导致的大气污染等。

②存在问题

部分地区如山东省、河南省等地区的村庄空气污染问题较多。

③措施建议

加强村庄空气环境保护政策宣传力度，推进秸秆无害化处理工程，提倡使用清洁能源等，改善村庄空气环境质量。

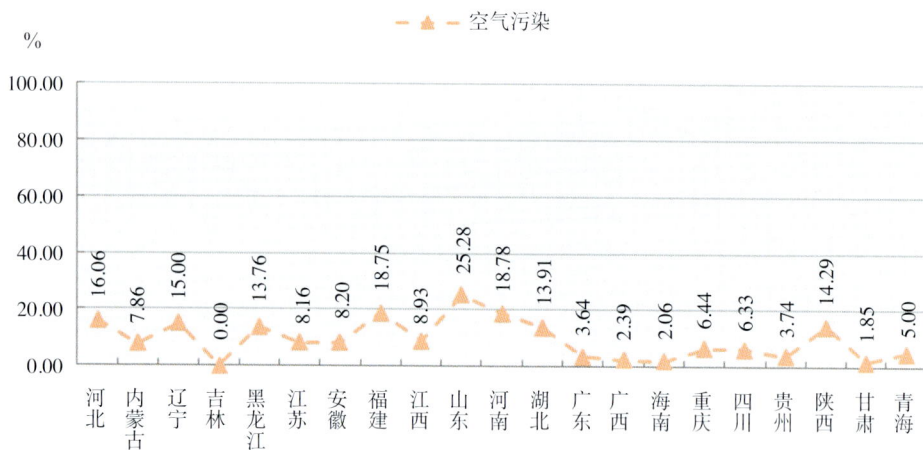

图3.5.4　各地区村庄空气污染比例

6.其他污染来源多样

①基本现状

表3.5.2展示了各地区村庄中其他环境污染及其来源。村庄的其他污染源主要为土路扬尘、种植养殖污染、化工污染、建材垃圾等，其中，畜禽养殖污染现象较为普遍。随着农业产业结构的调整，目前畜禽养殖业发展迅速，由农村个体家庭逐步转向规模化养殖，一些养殖场的大量畜禽粪便中的有机污染物不经过处理就被直接排向外界，造成严重的环境污染。

②存在问题

部分地区的农村畜禽养殖污染现象比较严重。

③措施建议

加强村庄环境保护宣传力度，提升村民环保意识；推广标准化养殖场，完善村庄污水管网系统建设。

表3.5.2　各地区村庄中其他环境污染及其来源

省级行政区	"其他"污染及其来源
河北	土路扬尘、羊粪、农作物形成的垃圾
内蒙古	
辽宁	养殖废物
吉林	
黑龙江	养殖污染
江苏	养殖污染、粉尘污染、光污染、化工污染
安徽	养殖污染、塑料袋等农业垃圾
福建	
江西	无污染
山东	建筑垃圾、养殖污染
河南	养殖污染、化工污染
湖北	秸秆、烟草、露天垃圾、白色污染
重庆	建材垃圾

（二）村庄生态保护措施

1. 加强宣传，进一步提升各方主体生态环境保护意识

（1）充分运用新闻媒体、报刊等各种宣传方式，大力宣传保护农村生态环境的目的、意义，不断增强村民的环保意识。

（2）村委会干部高度重视和大力支持农村环保工作，把农村生态环境保护纳入重要议事日程。

（3）乡镇企业要不断提升环保意识，着力完善环保设施和检测手段，严禁超标排放和偷排、偷放废水、废气、废渣，做到企业持续健康发展、农村生态环境不断优化。

（4）增强村民生态环保意识，提高村民生活素养和养成良好生活习惯，积极参与农村生态环境保护和美丽乡村建设，不随意丢弃垃圾，不任意排放污水，爱护自己的生活家园。

2. 加大资金投入，加强农村环境保护设施建设

（1）各级政府要加大资金投入，不断完善农村环保设施。逐步建立乡镇垃圾处理站，配备垃圾车，使农村垃圾得到及时处理。每个村都要建立垃圾中转站，配备一定数量的垃圾车和垃圾箱，使农村垃圾有地方集中堆放。

（2）各级政府要制定优惠政策，实行环保设施补偿和有偿使用等措施，引导社会资本投入农村环境保护设施建设。

（3）鼓励农村专业合作社和种养大户投入农村环保建设，着力搞好环境保护，带动广大村民积极参与农村生态环境保护工作。

3. 加强科技研发，加强农业废弃物处理和农业生态环境修复

（1）加强农业废弃物处理以及畜禽养殖废弃物处理方式的普及。研发垃圾燃烧发电技术和种植业副产物提炼生物柴油技术，变废为宝。

（2）开展农业生态环境修复。着力研究土壤、水体修复技术，科学治理水土，使土壤结构优化，水质变好。

（3）开展植树造林、封山育林、种花种草、改厨改厕等活动，不断美化乡村环境。着力发展乡村旅游，振兴乡村经济。

六、乡村历史文化传承调查概况

（一）村庄历史文化传承保护的问题

1. 对村落在中国传统文化保护和传承中重要作用的认识失之偏颇

部分村民或政府人员认为传统村落基础设施落后、格局不合理、建筑陈旧，将之视为贫穷落后的象征。在城市化的推进过程中，有人在观念上存在误区，单纯认为城市化就是拆了平房上楼房，并将其视为社会进步的标志。

2. 有价值的特色村落或历史遗址、遗迹缺乏有效保护和合理开发

由于对村落保护利用缺乏规范性、指导性的意见，政策缺失，管理不到位等，导致许多有价值的村落得不到有效保护和合理开发，许多具有重要研究价值的文化生态、文化空间及古建筑等逐渐消失。

同时有的地方只重视对列入中国传统村落保护名录的极少数古村落进行保护，忽略了对大部分村落的保护，许多具有留存价值的古遗迹、古建筑、古树等文化遗存遭到毁坏，大量具有文化保护价值的传统村落、原始生态逐渐消失。

3.非物质文化遗产保护不力

随着城市化的推进，村民进城，许多村庄出现"空村化"现象，导致非物质文化遗产失去原有的生存土壤和载体，非物质文化遗产也随之散失。大量诞生于传统农耕生活的非物质文化遗产面临着后继无人的严峻现实，由此，造成了非物质文化遗产理论研究和文化传承创新滞后，一些具有传统和区域文化特色的城镇、村落文化消失。

4.重视物质层面的保护而忽视文化精神和内涵的传承

部分地区对村落的保护仅重视外在的规模、形制，而轻视对文化内涵的开发，导致村落缺少能深入人心的文化内容。对古村落机械移植，看似保存下来，但由于其人文内涵和环境缺失或遭到破坏，村落文化价值大打折扣甚至不复存在。大部分村落没有村史，伴随着村落消失的还有其承载的历史变迁、历史人物和故事。

（二）村庄历史文化传承发展建议

各地区保护遗址、遗迹，强化地域文化元素符号；综合提升田水路林村风貌，慎砍树、禁挖山、不填湖、少拆房，保护乡情美景；注重乡土味道，留得住乡愁，促进人与自然和谐共生、村庄形态与自然环境相得益彰。

1.加强对村落文化遗迹的资源普查和分类整理归档

对于文化遗产和传统建筑富集、保存基础条件较好、文化底蕴深厚的村落建议进行历史文化、文物、传统建筑，尤其是红色革命文物等文化资源的普查，进一步挖掘、整理、分类，完善中国传统村落保护名录。

2.加强对村落文化遗迹的保护和活化传承力度

对村落文化遗迹既不单纯强调保护，也不以获取经济利益为目的搞过度的商业性开发。各地区可以借鉴乌镇、西塘、婺源、丽江等地开发建设方式，发挥政府的主导作用，最大化再现原生地文化生活风貌和文化基因。

3.城镇化过程中，最大限度实现对文化遗产整体性和真实性的保护

在城镇化进程中，各地区把历史文化保护传承与新型城镇化建设、经济社会发展、民生保障改善等有机结合起来，与乡村旅游结合起来，与美丽乡村建设结合起来，实现对文化遗产整体性和真实性的保护。

4. 重视保护和弘扬乡贤文化，发扬新时期"新乡贤"的示范引领作用

乡贤文化既是连接乡情、乡愁的精神纽带，也是传承乡风文明的重要方式。在保护村落历史文化过程中，各地区需要发挥改革开放以来农村中涌现的优秀基层干部、道德模范、身边好人等的示范引领作用，继承和弘扬传统乡贤文化，这些"新乡贤"用他们的嘉言懿行垂范乡里，涵养文明乡风。

5. 非遗文化的品牌申报注册，实施分类保护计划，让非遗走进生活

各地区实施"留住非遗乡愁"计划，推出"记住乡愁"特色活动，延续乡村文化根脉。实施"非遗驻校""非遗驻社区"计划，让特色非遗项目长驻校园，为非遗培育后继力量。

附录　优秀团队案例展示

一、优秀实践团队展示

广西师范学院"品桂土特色，展规划蓝图"村级土地利用规划探索先锋队

（一）地方领导的重视，为团队活动开展提供便利

团队志愿服务活动的开展受到广西壮族自治区国土资源厅、百色市国土资源局、田阳县国土资源局等相关部门及领导重视，各级领导参与了活动的启动仪式、动员会及座谈会。与会领导对本次活动予以高度肯定和支持，为团队后续活动开展提供了便利。见附图1。

附图1　广西师范学院"品桂土特色，展规划蓝图"村级土地利用规划探索先锋队团队启动仪式

（二）人员配置的专业性，为项目开展提供有力保障

广西师范学院"品桂土特色，展规划蓝图"村级土地利用规划探索先锋队

的活动参与人员为广西师范学院的教师、硕士生和本科生，其中指导教师9人，学生31人。

该团队指导教师均为相关领域的专家教授，先后承担了第一轮、第二轮、第三轮市、县、乡3级土地利用总体规划修编工作，熟悉广西土地利用现状情况及发展规划，在广西师范学院担任"土地规划学""地籍管理学""地理信息系统""测量学"等多门课程的教学任务，对整个项目的指导与统筹有实践经验与理论优势。

团队成员的专业有土地资源管理专业、地理信息系统专业、测绘工程专业和新闻专业等，各专业学科知识既有所交集又有所侧重，这利于团队知识的融会贯通与碰撞、摩擦。团队成员选拔自各专业的拔尖人才，均经过相关专业理论知识的学习且参与过野外测量等社会实践活动，具有扎实的专业理论基础、严谨的学术态度、活跃的创新思维与较强的野外实践能力。活动开展前期，团队成员统一进行培训，参与启动仪式、动员会及座谈会，这为实践开展提供了有力保障。

（三）团队分工的明确性，促进各项工作顺利开展

该团队由3组实践小团队组成，每组分别选取不同村庄作为实践地点，由3队指导教师带队指导，每个参与的团队成员分工安排合理（见附表1）。

附表1　广西师范学院"品桂土特色，展规划蓝图"村级土地
利用规划探索先锋队团队分工情况表

实践地点	指导教师	分工
第一组实践地点：广西壮族自治区百色市田阳县百育镇百育村	韦燕飞 童新华 曾 佳	组长：负责统筹各项事务、协调内外关系，安排全队任务，监督和督促活动开展，保证活动顺利、高效开展
		副组长：后期设计图制作及整理、汇总调查情况，协助组长工作
		组员：负责各项材料收集及整理 负责记录每天工作会议内容及工具发放 负责发放调查问卷 负责提供图片素材和视频拍摄 负责调查问卷的汇总及整理 负责记录访谈内容并汇总 负责田园日记的写作 负责外业测量
第二组实践地点：广西壮族自治区百色市田阳县百别乡巴别村	廖超明 彭定新 李 冠	组长：负责统筹各项事务、协调内外关系，安排全队任务，监督和督促活动开展，保证活动顺利、高效开展
		副组长：后期设计图制作及整理、汇总调查基本情况，协助组长工作
		组员：负责各项材料收集及整理 负责记录每天工作会议内容及工具发放

（续）

实践地点	指导教师	分工
第二组实践地点：广西壮族自治区百色市田阳县巴别乡巴别村	廖超明 彭定新 李 冠	负责发放调查问卷 负责提供图片素材和视频拍摄 负责调查问卷的汇总及整理 负责记录访谈内容并汇总 负责田园日记的写作 负责外业测量
第三组实践地点：广西壮族自治区百色市田阳县那满镇新生村	韩世静 张慧荣 张 亮	组长：负责统筹各项事务、协调内外关系，安排全队任务，监督和督促活动开展，保证活动顺利、高效开展
		副组长：后期设计图制作及整理汇总调查基本情况，协助组长工作
		组员：负责各项材料收集及整理 负责记录每天工作会议内容及工具发放 负责发放调查问卷 负责提供图片素材和视频拍摄 负责调查问卷的汇总及整理 负责记录访谈内容并汇总 负责田园日记的写作 负责外业测量

（四）前期工作准备的充分性，为后续工作开展打下基础

1.准备调查底图

小组分别获取、收集村庄的正射影像图、遥感影像图、土地利用现状图，以此作为外业调查的底图，设计实地调研路线。

2.准备基础资料

收集村庄的自然、环境和社会经济资料，设计撰写资料收集清单，将村界套合到遥感影像图中，实现自然、环境和社会经济信息空间化。

3.设计调查问卷

按照村域调查和对村民家庭入户调查两种情况，根据村庄不同的特点设计调查问卷。村域调查问卷内容包括村庄区位和自然条件、土地利用状况、区域环境、基础设施和生活服务设施、建设现状及产业发展状况。村民家庭调查问卷包括农民收入，对配套设施建设、产业发展、土地利用的意愿和诉求等。

4.设计野外补测方案

根据正射影像图内业调绘结果，分析农村宅基地、集体经营性建设用地、公益农村宅基地、集体经营性建设用地、公益性设施等用地范围；针对交通、水利等基础设施和其他独立选址建设项目的位置和用地范围的数字化情况，设计野外补测的方案。

5.其他准备工作

微信宣传语、宣传栏的准备，相机、测量仪器设备等物品的准备，联系媒体，行程、人员、时间及路线等相关工作的安排（附图2）。

附图2　广西师范学院"品桂土特色，展规划蓝图"村级土地
利用规划探索先锋队团队现场调研

（五）宣传方式的多元性，充分调动广大村民的积极性

团队开展丰富的村级土地利用规划宣传、宣讲活动，调动村民积极性。

1.宣传宣讲

团队组建每组3人的宣讲团，充分发挥大学生的积极能动作用，制作宣传栏。

2.播放纪录片

利用下午至晚上的时间，在有条件的地方，循环播放土地利用规划的相关政策和知识的纪录片。

3.新媒体传播

运用互联网、微博、微信等新媒体，用多种方式传播土地利用规划的相关政策和专业知识。

（六）调研方式的先进性，摸清了村域土地资源利用现状

团队按照设计的调研路线，根据农村土地利用规划编制需要，开展村域面上调查和村民家庭的入户调查。采取实地踏勘的方式，以现有土地利用现状图为基础，运用RTK（Real Time Kinematic，实时动态测量）技术、全站仪（全站型电子测距仪）技术以及无人机技术进行测量，完成村庄土地利用现状图的绘制，摸清村域土地资源利用状况。

（七）规划编制的严谨性，提供了活动借鉴和参考样本

团队通过总结和积淀村级规划全工作流程，完善实践报告，为推动农村土地利用规划提供借鉴和参考样本（附图3），主要包括以下几个方面。

附图3　广西师范学院"品桂土特色，展规划蓝图"村级土地利用规划探索先锋队团队编制讨论

1.数据库建库

根据调查村的社会经济数据、实地调研得到的空间信息数据，利用专业软件，寻找两者间存在的匹配关系，建立社会经济数据与空间信息数据库。

2.绘制土地规划图件

整理调查期间得到的测量成果等，结合村级边界等矢量数据，分别绘制耕地、农村宅基地、集体经营性建设用地、公益性设施用地，交通、水利等设施

用地土地规划图。

3.制作土地规划表格和管制规则

对各项土地调查结果进行汇总并统计，得到土地规划表格。根据调研村的实际情况，以永久基本农田保护红线和生态保护红线等为依据，结合土地规划的具体要求，制定相应的耕地、设施农用地、公益性设施用地、宅基地及集体经营性建设用地等土地的使用规则。

4.编制乡村土地利用规划文本和设计图

统计并分析调查结果，从村域产业发展、生态保护、耕地保护、村庄建设、永久基本农田保护、基础设施和公共设施建设及环境治理方面考虑，编制村级土地规划文本和设计图。

（八）方法以及内容的创新性，为后期活动的开展提出了新思路

1.方法创新

实践方案中，利用LANDSAT（陆地卫星）遥感影像和1：2 000比例尺的正射影像图制作调查底图和土地利用图，并建立自然、环境和社会经济因素数据库，充分运用遥感影像、信息化、大数据分析等先进技术手段，切实提高成果水平，实现实践方法的创新。

2.内容创新

将村级土地利用规划编制与扶贫开发结合，选择产业发展、贫困和存在地灾隐患的3个村开展调研活动，从不同的方面来诊断不同类型的土地利用存在的问题，提出有针对性的规划方案，在内容上具有创新性。

二、优秀实践成果展示

南京大学"宜居乡村"村土地利用规划团队

（一）实践地点选择的典型性，突出了活动开展的意义

团队以中央农村土地制度改革的33个试点地区之一、江苏省唯一的试点地区——常州市武进区作为实践活动开展地点，这对活动开展来说具有深远意义。

（二）实践成果指标的严格落实性，体现了土地资源的集约和合理利用

团队的实践方案严格落实耕地保有量和基本农田保护面积，严格控制建设用地总规模、人均村庄建设用地和户均宅基地面积，逐步实现农村建设用地减量化（附图4）。

余巷村规划目标表

单位：公顷、平方米

指标类别	规划基期年（2016年）	规划近期年（2020年）	规划目标年（2035年）	变化量	属性
耕地保有量	77.42	36.06	39.56	9.71%	约束性
基本农田保护面积	36.06	36.06	38.25	6.07%	约束性
建设用地总规模	39.05	37.29	35.62	-8.78%	约束性
其中：农村居民点	26.72	24.30	22.60	-15.42%	预期性
户均宅基地（建筑占地）	169	150	140	-17.16%	约束性
人均村庄建设用地（农村居民点）	182	160	120	-34.07%	约束性
集体经营性建设用地规模	8.20	8.20	7.83	-4.51%	预期性
公共服务设施用地规模	0.53	0.53	0.69	30.19%	预期性
基础设施用地规模	0.03	0.03	0.03	0.00%	预期性

耕地和永久基本农田面积不减少

建设用地总规模和农村居民点"双减量"
建设用地总规模 减 >8%
农村居民点 减 >15%

集体经营性建设用地（主要为企业）不增加，引导集聚整合

公共服务设施用地和基础设施用地有提升

附图4　南京大学"宜居乡村"村土地利用规划团队绘制的余巷村土地利用规划目标统计图

（三）实践方案中空间结构的合理性，指明了村庄未来发展方向

1.合理功能策划

为促进农业适度规模经营和农村三产融合发展，团队合力规划粮食生产功能区、果蔬特色优势产区、花卉精品种植园、休闲农业观光区、农村居民点集聚区、村级工业发展集聚区等六大土地利用功能片区，并对产业发展作出了进一步的发展引导。见附图5，附图6。

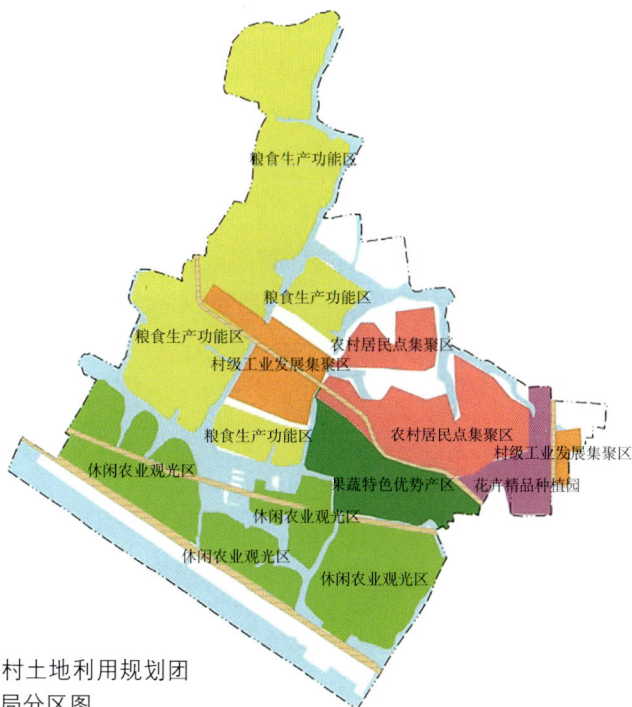

附图5　南京大学"宜居乡村"村土地利用规划团队绘制的余巷村空间布局分区图

附图6　南京大学"宜居乡村"村土地利用规划团队绘制的余巷村土地利用功能分区图

2.合理用地，分区管制

以土地利用功能片区为指引，统筹划定村庄的土地用途分区和建设用地管制分区。见附图7，附图8。

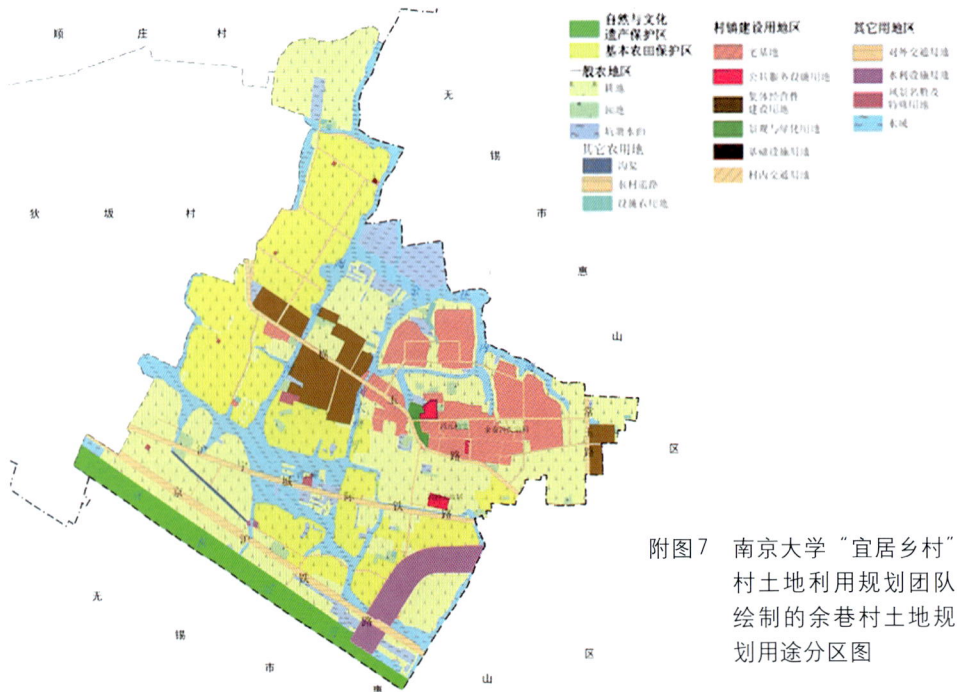

附图7　南京大学"宜居乡村"村土地利用规划团队绘制的余巷村土地规划用途分区图

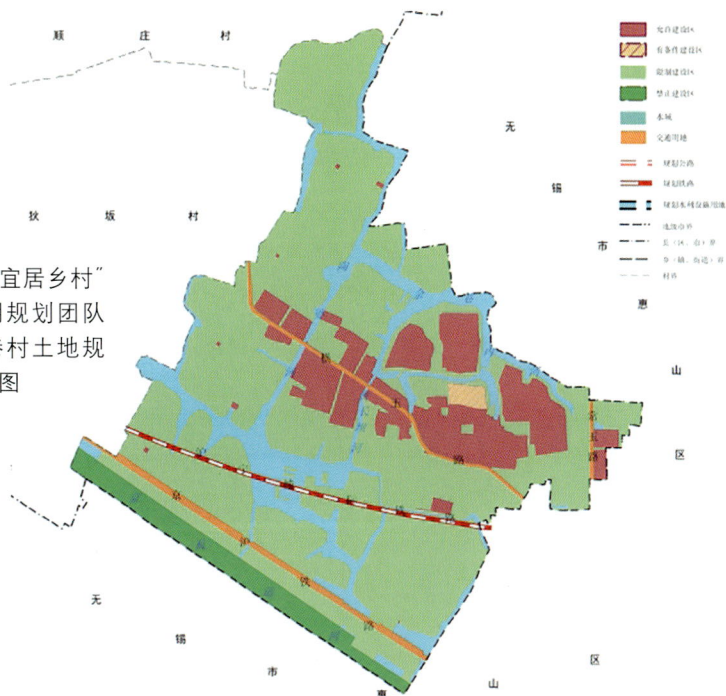

附图8　南京大学"宜居乡村"村土地利用规划团队绘制的余巷村土地规划管制分区图

（四）实践成果"三生空间"的优化性，结合了"多规合一"的要求

1. 生态空间

严格落实水域保护蓝线，在谨慎填挖的基础上贯通断头水系，营造体现苏南水乡特色的生态基底（附图9）。

附图9　南京大学"宜居乡村"村土地利用规划团队绘制的余巷村生态空间规划引导图

2.农业空间

综合考虑耕地质量、交通线路分割等因素，优化村庄基本农田布局，对质量较低的耕地、坑塘提出了提升、复垦措施，并对农业产业发展方向提出引导要求。见附图10，附图11。

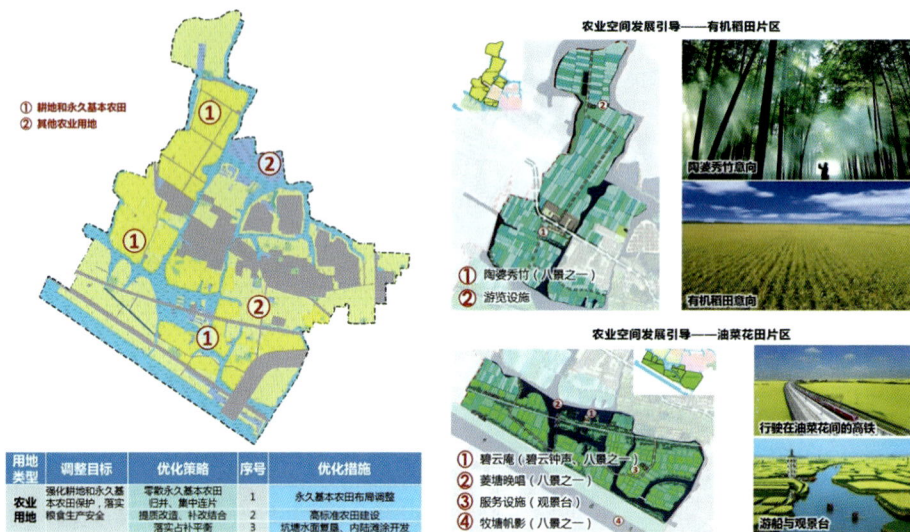

附图10 南京大学"宜居乡村"村土地利用规划团队绘制的余巷村农业空间规划引导图

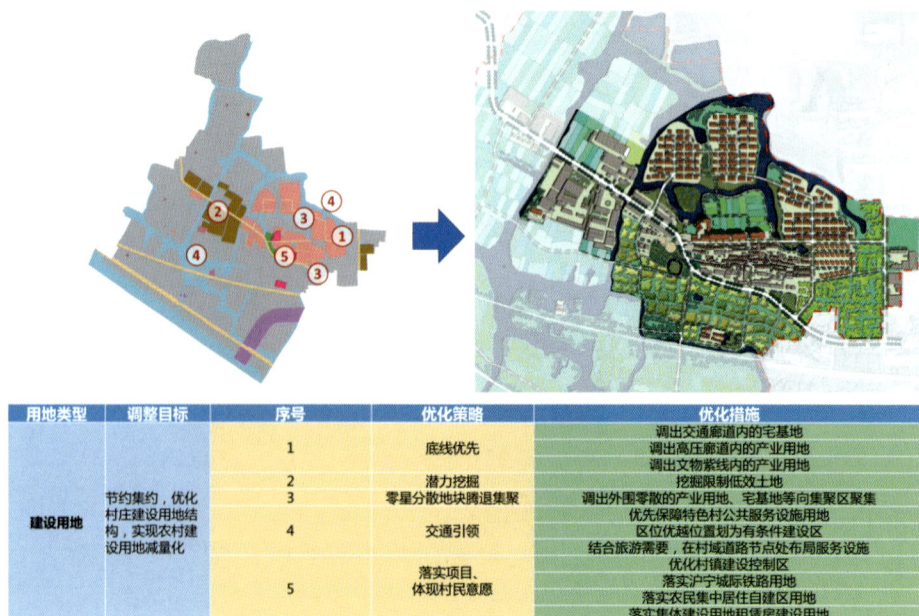

用地类型	调整目标	序号	优化策略	优化措施
建设用地	节约集约，优化村庄建设用地结构，实现农村建设用地减量化	1	底线优先	调出交通廊道内的宅基地
				调出高压廊道内的产业用地
				调出文物紫线内的产业用地
		2	潜力挖掘	挖掘限制低效土地
		3	零星分散地块腾退集聚	调出外围零散的产业用地、宅基地等向集聚区集聚
		4	交通引领	优先保障特色村公共服务设施用地
				区位优越位置划为有条件建设区
				结合旅游需要，在村域道路节点处布局服务设施
		5	落实项目，体现村民意愿	优化村镇建设控制区
				落实沪宁城际铁路用地
				落实农民集中居住自建区用地
				落实集体建设用地租赁房建设用地

附图11 南京大学"宜居乡村"村土地利用规划团队绘制的余巷村建设空间规划引导图

3.建设空间

在落实村庄建设用地减量化的基础上，充分尊重村民的发展意愿，优化建设空间布局；并对村庄人居环境改善、公共设施提升、基础设施完善等提出改善要求。

（五）实践成果编制的创新性，展示了团队规划编制的实力

团队开展了4个方面的创新规划编制工作。一是落实"多规合一"要求，展现多维空间效果；二是强化依水沿路的空间形态，建设富有水乡古韵的特色田园乡村；三是组合运用政策工具，推进农村土地精细化综合整治；四是衔接各类规划期限，合理安排发展时序，形成了常州市武进区横林镇余巷村土地利用规划成果。通过这4个方面的特色创新，展现了团队的规划编制实力。见附图12～附图15）。

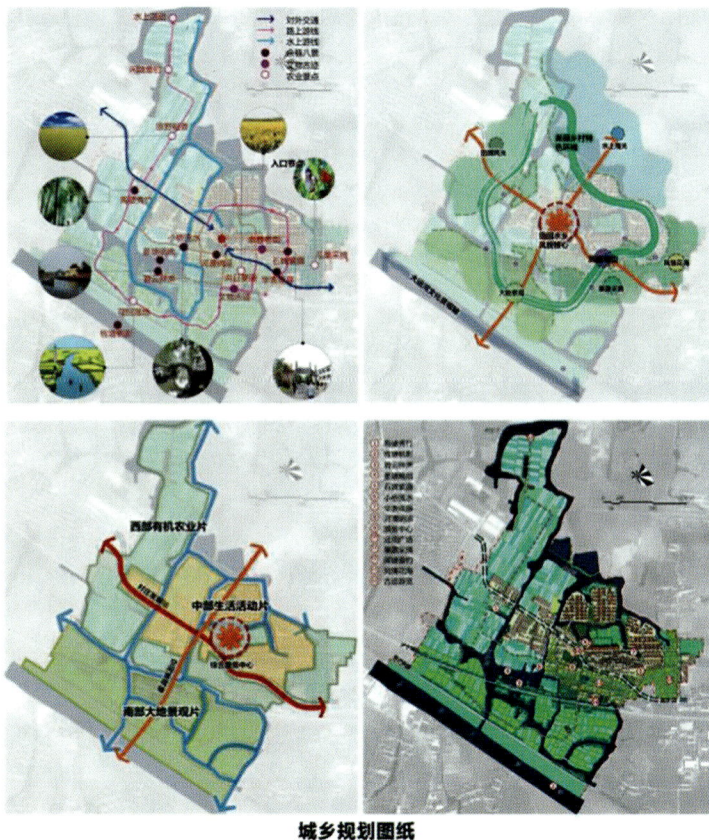

城乡规划图纸

附图12　南京大学"宜居乡村"村土地利用规划团队绘制的余巷村
　　　　"多规合一"三维表达对比图

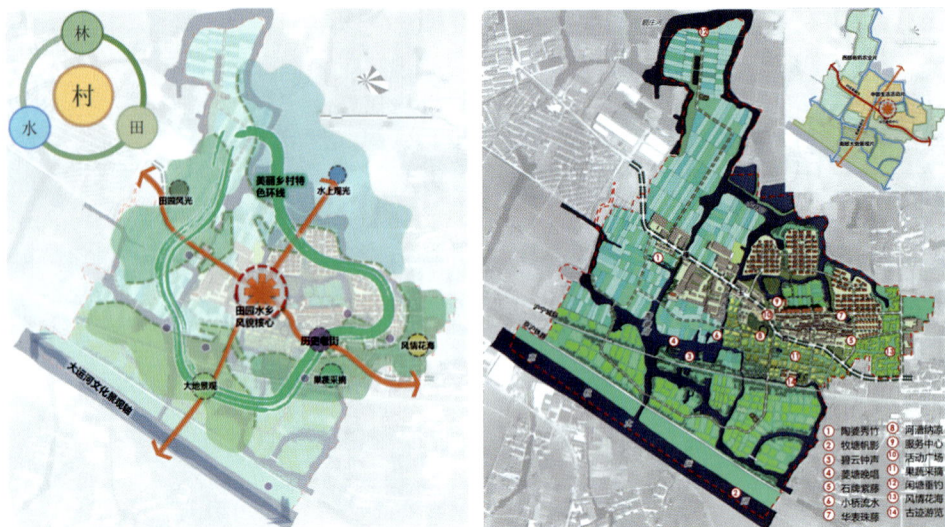

附图13　南京大学"宜居乡村"村土地利用规划团队绘制的余巷村特色空间塑造与总平面规划图

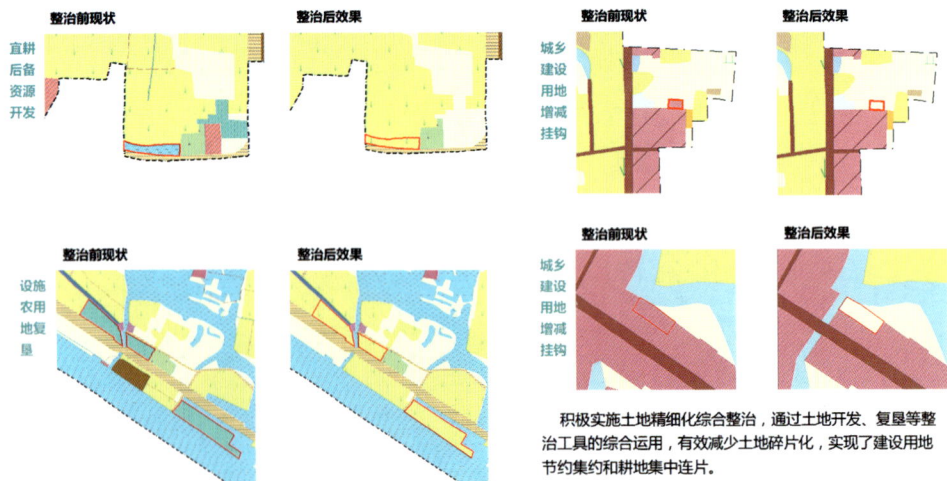

附图14　南京大学"宜居乡村"村土地利用规划团队绘制的余巷村土地精细化综合整治对比分析图

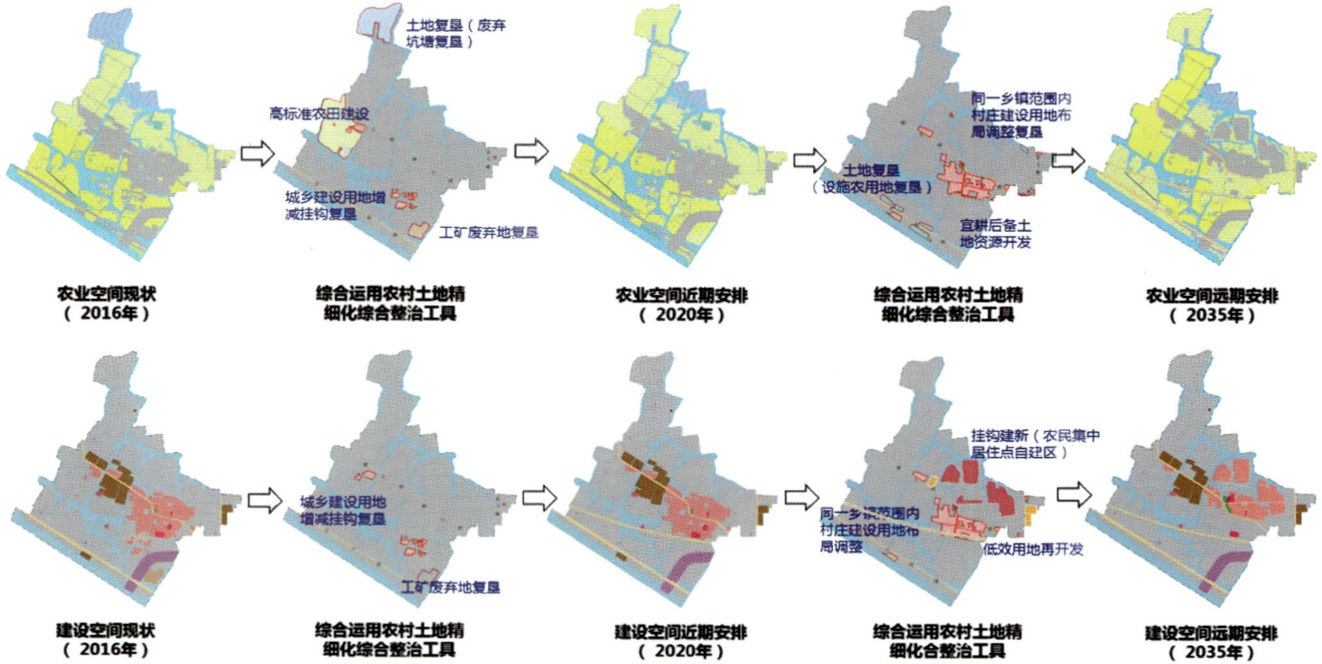

附图15 南京大学"宜居乡村"村土地利用规划团队绘制的余巷村土地精细化综合整治分期对比图

图书在版编目（CIP）数据

村庄规划志愿服务活动研究报告．2017年度/赵雲泰，田志强主编．—北京：中国农业出版社，2022.9
ISBN 978-7-109-29628-2

Ⅰ.①村… Ⅱ.①赵…②田… Ⅲ.①农业用地-土地利用-研究报告-中国-2017②农业用地-土地规划-研究报告-中国-2017 Ⅳ.①F321.1

中国版本图书馆CIP数据核字（2022）第113092号

中国农业出版社出版
地址：北京市朝阳区麦子店街18号楼
邮编：100125
责任编辑：刁乾超　王贺春　　文字编辑：屈　娟
版式设计：王　怡　　责任校对：吴丽婷　　责任印制：王　宏
印刷：中农印务有限公司
版次：2022年9月第1版
印次：2022年9月北京第1次印刷
发行：新华书店北京发行所
开本：700mm×1000mm　1/16
印张：8.5
字数：200千字
定价：68.00元